세상에서 가장 위대한 싸움

찰스 스펄전

세상에서 가장 위대한 싸움
The Greatest Fight in the World

발행일	2019년 8월 30일 초판

지은이	찰스 스펄전 (Charles H. Spurgeon)
옮긴이	정시용

발행인	정시용
발행처	프리스브러리
전자우편	info@prisbrary.com
홈페이지	www.prisbrary.com
후원계좌	씨티은행 533-50447-264-01

Copyright ⓒ 프리스브러리, 2019, Printed in Korea.
ISBN 978-89-6774-039-9 (03230)

이 도서의 국립중앙도서관 출판예정도서목록(CIP)은 서지정보유통지원시스템 홈페이지(http://seoji.nl.go.kr)와 국가자료공동목록시스템(http://www.nl.go.kr/kolisnet) 에서 이용하실 수 있습니다.

이 책의 성경 구절은 보다 정확한 내용 전달을 위해 원문에 사용된 성경 구절을 직접 번역하여 실었습니다.

차례

제1장_우리의 싸움 ··· 5
    1. 세 가지 주제

제2장_우리의 무기 ··· 14
    1. 완전한 하나님의 말씀
    2. 잘못된 동기 부여
    3. 말씀을 순전하게 지키기
    4. 무기 검증
    5. 위로를 주는 말씀
    6. 성경의 힘
    7. 말씀이 주는 희망
    8. 말씀이 주는 경고
    9. 말씀의 깊이
    10. 말씀을 알기
    11. 말씀을 정확하게 인용하기
    12. 말씀을 향한 믿음
    13. 오직 하나님의 말씀으로
    14. 오류가 없는 말씀
    15. 과학, 철학, 종교
    16. 진리를 빠뜨리지 않고 전하기
    17. 사냥개와 여우를 구별하기

제3장_**우리의 군대** ··· 68
    1. 교회의 기준
    2. 차세대 교회를 키우기
    3. 기도하는 교회
    4. 건강한 교회
    5. 우리의 미션
    6. 리더의 역할

제4장_**우리의 힘** ·· 87
    1. 성령님의 능력
    2. 성령님께서 하시는 일
    3. 우리가 가르치는 동기
    4. 우리의 메시지에 담긴 생명
    5. 성령님의 임재
    6. 거룩함의 소명
    7. 악의 모양을 피하기
    8. 담대한 믿음의 전사
    9. 진리이신 성령님
    10. 겸손하라
    11. 평화롭게 지내기
    12. 분명한 목적

제5장_**맺는말** ··· 114

출판사 소개 ··· 116

우리의 싸움

저희가 드린 모든 기도가 빠르고 풍성하게 응답되게 하여주소서. 저희가 합심하여 드린 이 기도와 같은 간구가 더욱 많아지게 하여주소서.

과거에 열린 컨퍼런스에서 가장 인상적인 장면은 많은 성도의 기도가 한데 어우러져 마치 거룩한 합창과 같았던 것을 들 수 있습니다. 그런 면에서 볼 때 이번 컨퍼런스도 과거에 비해 전혀 뒤처지지 않고 오히려 더 뜨겁고 열정적으로 기도한 것 같습니다. 무릎 꿇고 기도하는 성도를 대적할 자는 아무도 없습니다.

이 자리에 설 기회가 오기 수개월 전부터 이 연설을 위해 많은 준비를 했습니다. 이 연설은 무수히 많은 기도 가운데 태어난 것입니다. 이처럼 뜻깊은 장소에 걸맞도록 최고의 연설이 되었으면 좋겠습니다. 하지만 다른 모든 일이 그렇듯이 이 연설도 여러분이 기도하신 것처럼 절대적으로 주님 손에 맡기기를 원합니다. 만일 말을 더듬으며 하는 연설이 오히려 하나님의 뜻이 더욱 잘 전달되는 방법이라고 한다면 저는 기꺼이 그렇게 할 것입니다. 여러분이 인간적인 지식이 부족해 굶주리는 대가로 〈성육신하신 하나님의 말씀〉에게서만 얻을 수 있는 영적인 양식으로 배부르게 되기만 한다면, 저는 유창한 말솜씨를 전부 잃더라도 오히려 기쁘게 받아들일 것입니다.

물론 우리는 위대하신 주님을 섬기는 일을 할 때는 언제나 철저히 준비하고 할 수 있는 한 최선을 다해야 합니다. 그리스와 페르시아의 전쟁 중에 사자처럼 용맹한 그리스 군사들이 페르시아 군대의 진격을 막고 있었습니다. 그때 그리스 진영을 엿본 페르시아의 정탐꾼이 왕에게 돌아가 이렇게 보고했습니다.

그들은 자기 머리카락을 묶는 일에만 온통 정신이 팔렸습니다. 정말 형편없는 군사들입니다.

하지만 왕은 상황을 정확히 꿰뚫어 봤습니다. 전투를 벌이기 전에 머리카락을 정리하는 군사라면 그만큼 자신의 머리를 소중히 여긴다는 것이며, 따라서 비굴하게 머리를 숙여 항복하는 일은 절대 하지 않을 것입니다.

우리도 영원한 진리를 선포할 때 사용하는 말을 주의 깊게 살핀다면, 그만큼 우리가 전하는 교리를 매우 소중히 여긴다는 인상을 적에게 심어줄 것입니다. 위대한 싸움이 우리 앞에 기다리고 있는데 군사로서 어수선한 모습을 보이면 안 됩니다. 그러면 마치 이길 마음이 전혀 없는 것처럼 보일 것이기 때문입니다.

우리는 거짓 교리, 세속, 죄와 맞서 싸우는 전쟁터로 겁없이 진격하는 중입니다. 그러므로 우리가 하는 말은 어수선하면 안 되며 깊이가 있어야 합니다.

우리는 승리를 추구하는 군사이기에 너저분한 모습을 보여서는 안 됩니다. 현재 하고 있는 여러분의 사역에 온 힘을 쏟으십시오. 그래서 사람들이 볼 때 여러분이 그 사역을 결코 포기하지 않을 것이라 생각하게 하십시오.

앞서 언급한 페르시아 정탐꾼은 소수의 그리스군이 진격해 오는 것을 보고 〈한 줌 밖에 안되는 병력으로 설마 싸움을 걸 생각은 아니겠지!〉라고 비웃었습니다.

그러자 옆에 있던 동료가 〈아니, 싸움을 걸 생각인 것 같아. 저 광택이 나는 갑옷과 방패를 봐!〉라고 대꾸했습니다.

무모한 싸움에 엉겁결에 휘말리기를 싫어하는 사람은 싸움에 앞서 진지하게 준비를 할 것입니다. 그리스 군사들 사이에서는 피 튀기는 전투에 앞서 전사의 굳건한 긍지를 보이기 위해 장비를 잘 손질하는 관습이 있었습니다.

형제자매 여러분, 그리스도를 위해 일할 때도 진지하게 임하는 사역자는 아무 준비도 없이 강단에서 즉흥적으로 떠오르는 대로 말하지 않을 것입니다.

물론 사람들의 마음을 정복하기 위해서는 광이 나는 방패나 잘 정돈된 머리카락이 아니라 하나님의 권능이 필요한 것은 사실이지만, 그렇다고 해도 우리는 예수님을 위해 설교나 연설을 맡았을 때 할 수 있는 한 최선을 다해 준비해야 합니다.

하나님께서 천상의 군대를 동원해 진리를 수호하실 것입니다!

그렇더라도 저는 부주의한 발걸음으로 성의 없이 진격하지는 않을 것입니다. 비록 우리는 연약하지만 우리 주 하나님은 전능하시며, 싸움은 우리에게 속한 것이 아니라 주님께 속한 것입니다.

그런데 불안한 것이 딱 하나 있습니다. 막중한 책임감 때문에 저의 능력을 온전히 발휘하지 못할까 염려됩니다. 너무 잘하려고 하면 중압감을 느껴 원래 할 수 있는 것보다 못하게 되기 마련입니다. 책임감에 압도되면 머릿속이 텅 비게 됩니다.

언젠가 한 청년을 은행에 취직시켜 주었습니다. 은행에서는 그에게 든 계산을 매우 정확히 하도록 엄격한 지침을 내렸습니다. 그는 너무 자주 지침을 떠올리다 보니 강박 관념에 시달리게 되었습니다. 지나치게 신경을 써서 전에는 정확하게 했던 일도 걱정 때문에 실수를 거듭하게 되고 결국 일을 그만두었습니다. 무엇을 어떻게 말할까 너무 염려하다 보면 자칫 정말로 강조해야 할 요점을 놓칠 수도 있습니다.

형제자매 여러분, 저는 이 자리에서 그저 개인적인 생각을 몇 가지 말씀드리고 마치려 합니다. 저와 여러분은 비슷한 소명을 받았으며 이미 같은 일을 경험했기 때문입니다. 우리 모두 한

배를 탄 동료입니다. 우리 중 리더인 자들도 팔로워인 자들과 똑같은 약점과 문제를 지니고 있습니다. 우리는 최선을 다해 준비해야 하면서도 하나님을 믿고 의지해야 합니다. 하나님께서 함께하시지 않는다면 어떤 것도 올바로 시작하고 지속하고 끝낼 수 없습니다.

한 가지 안심되는 점이 있습니다. 비록 제가 제대로 설명하지 못하더라도 오늘 말씀드리려는 주제 자체가 여러분에게 감명을 줄 것이란 사실입니다. 연설할 때 본론을 시작하기도 전에 사람들에게 전달되는 무언가가 있습니다. 만일 어떤 사람이 아무리 멋진 연설을 하더라도 그 주제가 전혀 쓸모없는 것이라면, 그는 차라리 아무 말도 하지 않는 편이 나을 것입니다. 〈중요하지 않은 일에 관해 너무 많이 말하는 것은 어리석은 일이다〉라는 말이 있습니다.

체리 씨앗은 아무리 최선을 다해 조각하더라도 결국 체리 씨앗일 뿐입니다. 하지만 다이아몬드를 세공하는 경우에는 비록 다소 실력이 부족해도 결과물은 여전히 귀금속입니다. 마찬가지로 강사의 말솜씨가 시원치 않더라도 그가 다루는 주제가 매우 중요한 것이라면 그의 연설은 결코 무의미하지 않을 것입니다. 오늘 이 시간 나눌 내용은 우리가 반드시 알아야 하는 시기적절한 주제입니다. 제가 선정한 내용은 현실적이면서 긴요한 것입니다. 나중에 여러분이 직접 이 주제에 관해 생각해본다면 오늘 이 강의를 듣기 위해 사용한 시간이 헛되지 않았다고 느낄 것입니다. 주님, 이 시간이 우리 모두에게 유익이 되게 하여 주소서!

다행히도 오늘 다룰 주제는 연설을 하는 바로 이 순간에도 여러분에게 직접 보여줄 수 있는 것입니다. 대장장이는 편자를 만들면서 그 모습을 보여주는 것 자체로 제자들을 가르칩니다. 마찬가지로 우리도 설교하는 모습 자체를 그 안에 담긴 교리의 실천 예시로 삼을 수 있습니다.

주님께서 우리와 함께 계시기만 하면 우리는 설교를 하는 도중에도 충분히 연습할 수 있습니다. 한 주방장이 제자들을 가르칠 때 자기가 개발한 조리법대로 따라서 요리를 만들게 했습니다. 그리고 만들어진 요리를 손님들 앞에 내놓았습니다. 주방장은 각 요리와 그것을 만드는 과정에 관해 자세히 설명하면서 직접 제자들의 요리를 시식했고 손님들도 맛보게 했습니다. 그는 유창한 말솜씨가 없더라도 자신이 개발한 맛있는 요리만으로도 충분히 성공적인 발표를 한 것입니다. 이런 면에서 음식을 대접하는 사람은 악기를 연주하는 사람보다 유리합니다. 악기 연주는 청중에게 기분 좋은 음악을 들려주기는 하지만 돌아갈 때 아무런 기억도 남기지 못하기 때문입니다.

비록 발표하는 기술이 부족하더라도 청중에게 들려주는 주제가 가치 있다면 그것만으로 충분히 좋은 발표가 될 수 있습니다. 손님들이 영적인 음식으로 배불리 채워지기만 한다면 그 음식을 준비한 사람은 자기가 손님들의 기억에 남지 않아도 충분히 만족할 것입니다.

세 가지 주제

저는 우리가 평생 힘써야 할 사역에 관해 이야기하려 합니다. 그것은 바로 죄와 오류에 맞서 거룩한 전쟁을 치르는 일입니다.

여기 계신 모든 분이 가슴에 훈장처럼 붉은 십자가를 달고 그리스도를 위해 담대히 행하며 주님의 원수가 쓰러지고 주께서 만족하실 때까지 안주하지 않았으면 합니다. 우리 조상들은 〈하나님의 뜻과 진리〉를 외쳤으며, 우리가 연약한 소수로서 막강한 다수와 맞서 싸우는 것도 이를 위해서입니다. 주님, 예수 그리스도의 선한 군사들이 많이 일어나게 하소서!

우리에게 가장 중요한 것이 세 가지 있습니다. 이 세 가지는 지금뿐 아니라 앞으로도 항상 최전방에서 실질적인 전력이 될 것입니다. 첫째는 〈무기〉, 곧 하나님의 영감으로 기록된 말씀입니다. 둘째는 〈군사〉, 곧 살아계신 하나님의 교회입니다. 이들은 주님이 직접 불러 모으셨으며, 우리 사역자들은 주님의 명령을 따라 그들을 이끌어야 합니다. 셋째는 〈힘〉, 곧 성령님입니다. 우리는 성령님을 통해 갑주를 입고 검을 휘두릅니다. 성령님은 우리가 존재하고 사역하고 고성하고 섬기고 성장하고 싸우고 씨름하고 극복하게 하는 능력이 되십니다. 이 중에서 세 번째가 가장 중요한 주제입니다. 비록 순서상으로는 다지막이지만 중요도는 가장 처음이라 할 수 있습니다.

우리의 무기

먼저 우리의 무기부터 살펴보겠습니다. 적어도 제게 있어서 무기는 성경입니다. 그리고 여러분 각자도 성경을 무기로 삼으시기 바랍니다. 〈너의 목은 천 개의 방패, 곧 용사들의 모든 방패가 걸려 있는 다윗의 탑과 같다〉(아가 4:4)라는 말씀처럼 성경은 우리에게 가르침의 무기를 비축하려고 지은 무기고와 같습니다.

여러분이 무기를 찾으려면 성경으로 들어가야 하며, 오직 성경에서만 무기를 구할 수 있습니다. 공격을 위한 검이든 방어를 위한 방패이든 오직 하나님의 영감으로 기록된 성경에서만 발견할 수 있습니다. 혹자는 다른 무기고도 있다고 할지 모르나 저는 아닙니다. 제게는 성경 외에 다른 어떤 것도 설교할 것이 없습니다. 솔직히 성경에서 발견한 주제들을 자세히 풀어 설명하는 일을 그만둬야 한다면 더는 설교할 동기를 찾지 못하겠습니다. 다른 어떤 것이 설교할 만한 가치가 있습니까? 형제자매 여러분, 하나님의 진리만이 우리가 찾아야 할 유일한 보물입니다. 성경만이 우리가 깊게 파헤쳐야 할 유일한 탐사 현장입니다.

우리에게는 하나님께서 계시해주신 말씀 외에 어떤 것도 필요 없습니다. 그릇된 길을 탐구하는 영혼들은 그 길에서 벗어나기 전까지 결코 평안을 얻지 못합니다. 자기들의 현재 마음 상태로는 위로 하늘에서나 밑으로 땅에서나 땅 아래 물속에서도 절대 발견하지 못할 만한 것을 찾으려 갈망합니다. 그들은 조금도 오류가 없는 하나님의 계시를 거들떠보지 않을 것이며, 따라서 결코 확고한 안식처를 찾지 못하고 영원히 방황할 것입니다.

한동안은 그들의 최신 이론에 만족하며 기뻐할 때도 있을 것입니다. 하지만 몇 달 후에는 놀랍게도 그들이 그토록 으스대던

개념을 모두 산산조각 내버립니다. 마치 다시 내려오기 위해 열심히 언덕을 오르는 사람 같습니다. 실제로 그들은 진리 자체보다 진리를 탐구하는 일이 더 낫다고 말합니다. 마치 낚시꾼들이 물고기 자체보다 물고기를 낚는 행위에서 즐거움을 느끼는 것처럼 말입니다. 그들이 잡는 물고기는 뼈만 앙상한 송사리뿐이니 어쩌면 당연한 결과일지 모릅니다.

이 사람들은 미치광이가 자기 옷을 갈가리 찢는 것처럼 자신이 만든 이론을 파괴하는 일에 능숙합니다. 수없이 재시작하며 자기가 세운 집의 기초를 몇 번이고 다시 파헤칩니다. 언제까지고 시작 단계에 머물러 있습니다. 그들은 마치 바람에 나는 겨와 같으며 〈폭풍이 휘몰아치는 바다처럼 잠잠치 못하고 진흙과 오물을 솟구쳐냅니다.〉(사 57:20)

그들의 머리 위를 항상 따라다니는 구름 기둥은 하나님의 임재를 나타내는 것이 아니며, 그들의 장막은 세워지기도 전에 다시 거둬집니다. 이 사람들은 심지어 확실함을 추구하지도 않습니다. 그들이 말하는 천국은 전부 확고한 진리에서 벗어나 추측의 희미한 빛에 의존합니다. 그들은 항상 배우나 결코 진리를 아는 지식에 도달하지 못합니다.

반면에 우리는 하나님의 말씀이란 피난처에 닻을 내리고 있습니다. 이곳에 우리의 평안과 힘과 생명과 동기와 소망과 행복이 있습니다. 하나님의 말씀이 우리의 최종 결론입니다. 그것이 바로 여기 있습니다. 우리 머리는 〈내가 진리를 찾았다!〉라고 외칩니다. 우리 양심은 〈여기 진리가 있다!〉라고 선포합니다. 우리 마음은 드디어 매달릴 곳을 찾았습니다. 그렇기에 우리는 만족하며 쉴 수 있습니다.

완전한 하나님의 말씀

만일 하나님의 계시가 우리에게 믿음을 주기에 부족하다면, 도대체 다른 어떤 것을 더할 수 있을까요? 이 질문에 답할 수 있는 사람이 있나요? 거룩한 말씀에 무언가를 더해야 한다고 제안할 사람이 과연 누가 있을까요? 인간이 쓴 가장 훌륭한 글도 하나님의 말씀에 더하기에는 너무도 부족합니다.

그것은 마치 통으로 짠 옷에 질긴 천을 덧대는 일과 같습니다. 황제의 옷에 넝마를 덧대겠습니까? 왕의 보물창고에 길거리 오물을 쌓겠습니까? 다이아몬드 광산에 해변의 조약돌을 더하겠습니까?

제가 생각하기에 하나님의 말씀이 우리에게 제시한 것 이상을 믿거나 설교하는 것은 완전히 어리석은 일 같습니다. 그런데 우리는 현재 자기 교회를 부흥시키기 위해 늘 새로운 복음과 동기 부여를 갈구하는 세대와 마주하고 있습니다. 그들은 성경으로 만든 침대보는 자신의 침대를 완전히 덮기에 부족하다는 듯이 유일신교Unitarian나 불가지론자, 심지어 무신론자에게 빌린 천을 흔쾌히 덧대려 합니다.

만일 우리가 성경의 기록을 넘어선 영적인 힘이나 신령한 능력을 발견한다면 더 이상 성경 없이도 사역할 수 있다고 생각할 것입니다. 하지만 성경 없이 더 잘되는 사역이라면 분명 가짜일 것입니다. 온 우주가 하나님 한 분으로 충분한 것처럼 영적인 지식도 성경 하나로 충분합니다. 인간에게 필요한 영적인 빛과 능력은 전부 성경에 계시되어 있습니다.

> 그러나 이 모든 것은 그 빛에 의해 밝혀질 때 드러난다. 이는 모든 것을 드러나게 하는 것이 바로 빛이기 때문이다. (엡 5:13~14)

잘못된 동기 부여

요즘에는 사람을 불러모으기 위해 성경을 넘어선 다른 동기 부여 방식을 사용하는 경우가 많습니다. 하지만 저는 그런 방식의 효능이 지나치게 부풀려졌다고 생각합니다.

기차가 탈선하거나 고장 나서 앞으로 가지 못하고 있는 장면을 떠올려 보십시오. 정비원이 문제를 해결하기 위해 엔진을 가져왔습니다. 그런데 엔진의 힘이 부족했는지 전혀 움직이지 않았습니다. 그때 한 꼬마가 해결책을 제시했습니다.

> **아빠, 엔진의 힘이 부족하면 제 흔들 목마를 빌려줄게요. 도움이 될 거예요!**

우리는 최근 흔들 목마와 같은 제안을 매우 많이 받고 있습니다. 제가 보기에는 별로 도움이 될 것 같지 않지만 그들은 굉장히 자신감이 넘칩니다. 저는 그런 동기 부여 방식이 도움이 되기보다는 오히려 해롭다고 생각합니다. 처음에는 사람들의 관심을 끌어 예배당을 가득 채우게 하지만 나중에는 오히려 환멸을 느끼고 떠나가게 합니다.

사람들은 새로운 장난감을 보듯이 잠시 관심을 보이다가 이윽고 다른 장난감 가게로 옮겨갑니다. 그런 방식은 새롭고 참신하지만 아무 도움이 안 되며 세상이 존재하는 동안 어떠한 유익도 주지 못합니다. 하나님의 말씀은 세월이 흘러도 변함없이 충분히 흥미로우며 사람들의 영혼에 축복을 주지만, 인간적인 새로운 시도는 조금만 시간이 지나도 퇴색합니다.

〈그래도 성경에 우리 자신의 생각을 더해야 하지 않습니까!〉라고 말하는 사람도 있을 것입니다. 형제자매 여러분, 물론 우리도 생각하고 고민해야 합니다. 하지만 하나님의 생각이 여러분의 생각보다 훨씬 낫다는 사실을 잊지 마십시오. 가을에 나무에서 잎사귀가 떨어지듯이 사람에게서도 좋은 생각이 흘러나올 때도 있습니다. 하지만 여러분 자신보다 여러분의 생각을 더 잘 아시는 분이 계시며, 그분은 여러분의 생각을 별로 대수롭지 않게 여기십니다. 성경은 이렇게 말합니다.

여호와께서 사람의 생각이 헛됨을 아신다. (시 94:11)

우리 생각을 하나님의 위대한 생각과 견주려는 것 자체가 매우 어리석은 짓입니다. 태양을 밝히려고 촛불을 비추려 합니까? 영원히 충만한 하나님의 생각을 여러분의 공허한 생각으로 보충하려 합니까? 하나님께서 말씀하신 내용을 보충하려 애쓰기보다 그냥 주님 앞에 잠잠하는 편이 더 낫습니다. 하나님의 말씀은 아름다운 정원인 반면 인간의 생각은 광야와 같습니다.

성경의 테두리 안에 머물러 있을 때 우리는 젖과 꿀이 흐르는 땅에 거하게 됩니다. 그런데 어째서 그곳에 사각을 더하려 합니까?

말씀을 순전하게 지키기

완벽한 성경에서 어떤 것도 빼려고 하지 마십시오. 말씀에 기록된 내용을 있는 그대로 두고 믿음의 분량에 맞춰 그것을 설교하십시오. 하나님께서 계시하신 내용은 무엇이든 설교할 가치가 있으며 우리가 멋대로 왈가왈부할 수 없습니다.

> 사람이 빵으로만 사는 것이 아니라 여호와의 입에서 나오는 모든 말씀으로 산다. (신 8:3)

> 하나님의 말씀은 모두 순전하며, 그는 자기를 피난처로 삼는 자에게 방패가 되신다. (잠 30:5)

계시된 모든 진리를 각각 적절한 시기가 되었을 때 선포하십시오. 설교 주제에 도움이 될 만한 소재를 찾으려고 다른 곳을 뒤적이지 마십시오. 여러분 앞에 놓인 성경에는 한계가 없기에 다른 곳을 뒤적일 필요가 없습니다. 이처럼 영광스러운 진리를 설교하면서 다른 것에 의지하는 행위는 대우 무례한 짓입니다.

무기 검증

우리는 이미 전쟁을 위한 도구의 성능을 검증했습니다. 우리가 지닌 무기는 최상급입니다. 젊은 친구들은 아직 성경을 조금밖에 검증해보지 못했을 것입니다. 하지만 우리처럼 연로한 사람들은 이미 삶을 통해 말씀을 충분히 검증하여 〈여호와의 말씀은 흙 도가니에서 일곱 번 정제된 은처럼 순전하다〉(시 12:6)라는 사실을 깨달았습니다.

성경은 어떤 철학이나 과학보다 더 많은 비판을 견뎌냈으며 수많은 박해를 당하고도 살아남았습니다. 한 신학자는 〈지금 성경을 공격하는 자들이 죽었을 때 그들의 장례식 설교 역시 창세기부터 계시록까지 한 구절도 빠지지 않은 이 책을 본문으로 할 것이다〉라고 했습니다.

우리 중에는 수년 동안 삶의 어려움을 통해 끊임없이 하나님의 말씀을 검증해본 사람들도 있습니다. 그들이 여러분에게 성경이 모든 어려움을 극복하는 데 도움을 주기에 충분하다는 사실을 확신시켜줄 것입니다. 성경은 양쪽에 날이 선 검과 같으며 아무리 사슬 갑옷과 황동 방패로 무장한 적을 공격해도 날이 무디어지거나 부러지지 않습니다. 그것은 마귀를 머리부터 발

끝까지 둘로 쪼개고도 전혀 손상을 입지 않습니다.

예전에 우리 주 예수님의 손에 들려 있던 성경은 지금도 여전히 동일하게 하나님의 능력 있는 말씀입니다. 성령의 검을 통해 얼마나 많은 영적 전쟁에서 승리를 거뒀는지 생각해보십시오!

여러분은 혹시 말씀에 기록되지 않은 다른 교리를 듣고 회심한 사람을 본 적이 있습니까? 현대 신학의 가르침에 의해 회심한 사람들의 목록이 적힌 책이 있다면 저도 한 권 주문하고 싶습니다. 그것을 읽고 딱히 무엇을 할 생각은 아니지만 적어도 진보적인 신학이 성취했다고 주장하는 것이 무엇인지 확인하기 위해 한 권 정도는 사볼 생각입니다.

과연 그 책에는 어떤 사례들이 적혀 있을까요? 만인구원론에 의한 회심, 애매모호한 교리에 의한 회심, 하나님을 사랑하고 예수 그리스도를 믿기는 하지만 구세주의 죽음을 우리 죄를 대속하기 위한 희생이 아니라 예수님이 보이신 위대한 모범의 절정에 불과하다는 가르침에 의한 회심, 복음의 핵심을 모두 제거하고 껍데기만 남은 복음에 의한 회심 등이 있을 것입니다.

그들은 기적이 영원할 것이라고 고백하지만, 정작 진정한 회심의 기적은 그들에게 결코 일어나지 않을 것입니다. 그들이 배운 교리를 통해 그들 마음에 어떠한 변화가 일어났는지 살펴보십시오. 그러면 이미 수많은 상황 속에서도 항상 사람들을 구원에 이르게 한 이 말씀에서 벗어나 다른 길을 찾는 것이 과연 얼마나 가치 있는 일인지 판단할 수 있을 것입니다.

그런 자들이 회심을 비웃는 이유는 뻔합니다. 마치 여우가 나무에 달린 포도에 손이 닿지 않자 자신의 한계를 인정하지는 않고 오히려 그 포도는 분명 시어서 못 먹을 것이라고 생각하는 모습과 비슷합니다. 우리는 거듭나는 것을 믿으며 실제로 거듭난 사람들을 많이 목격하였기에 성령님께서 사람들을 회심시킬 때 사용하시는 진리의 말씀을 굳게 붙들 것입니다. 한마디로, 우리는 이 전쟁에서 더 나은 무기를 발견하기 전까지는 예전부터 써왔던 무기인 성령의 검을 계속 사용할 것입니다. 현재로서 우리의 결론은 〈그보다 좋은 것이 없으니 그것을 제게 주소서〉(삼상 21:9)입니다.

위로를 주는 말씀

말씀이 우리에게 위로를 주는 경우가 얼마나 많습니까! 상한 마음을 다루는 것처럼 어려운 일은 없습니다. 언젠가 거대한 절망의 성에 갇힌 사람을 탈출하도록 도우려 한 적이 있었는데, 그때 저는 마치 바보가 된 것만 같았습니다! 낙담한 사람에게 희망을 불어넣는 일은 너무도 어려웠습니다. 제가 아는 모든 방법을 동원해봤지만 결국에는 아슬아슬하게 실패하고 말았습니다! 그를 끄집어내려고 스무 번도 더 시도했지만 매번 실패를 거듭했습니다.

자신의 죄를 깨달은 죄인은 자기가 결코 구원받을 수 없다는 것을 증명하려고 온갖 주장을 펼칩니다. 자신감이 높은 사람일수록 더욱 다양한 방식으로 절망에 빠져듭니다. 어두컴컴한 의심의 감옥에 빛을 비출 수 있는 것은 오직 하나님의 말씀밖에 없습니다. 성경에는 모든 종류의 상처를 아물게 하는 향유가 있습니다. 성경에는 절망에 사로잡힌 영혼에게 희망을 심어주고 기나긴 어둠에 갇힌 영혼에게 영원한 빛을 비춰주는 놀라운 능력이 있습니다!

주님의 말씀은 〈위로의 잔〉이며 절망한 자들의 기운을 북돋는 일에 결코 실패하는 법이 없습니다. 성령님께서 진리의 말씀을 적용시킬 때 죽음의 어두운 골짜기에 앉아있던 자는 기쁨과 평안을 누리게 됩니다. 바로 우리 자신이 이 복된 사실의 증인이 지 않습니까?

성경의 힘

말씀에는 또한 믿는 자를 교화하여 의와 거룩함과 유익을 얻게 하는 놀라운 힘이 있습니다. 최근 우리는 복음의 〈윤리적〉 측면에 관한 이야기를 자주 듣습니다. 그런 이야기가 참신하게 여겨진다는 사실이 그저 안타까울 따름입니다. 이전에는 그것을 전혀 몰랐단 말입니까? 저는 예전부터 항상 복음의 윤리적 측면을 강조해왔으며, 사실상 복음 전체가 윤리적이라 해도 과언이 아닙니다. 진정한 교리는 언제나 선한 일에 충실합니다. 페이슨Payson은 〈만일 성경에 나온 교리나 언약 중에서 당신의 성품이나 행실에 실제적인 변화를 일으키지 않는 것이 하나라도 있다면, 그것은 당신이 말씀을 진정으로 믿고 있지 않다는 증거다〉라고 했습니다.

성경의 모든 가르침은 실제적인 변화를 가져옵니다. 그리고 상식적으로 나무의 뿌리가 있을 때조차 별로 많은 열매를 맺지 못한다면, 당연히 뿌리가 뽑혔을 때는 아무런 열매도 기대하지 못할 것입니다.

거룩함의 뿌리는 주 예수 그리스도의 복음을 기초로 합니다. 그런데 이것을 없애고 풍성한 열매를 기대한다면 매우 큰 실수를 저지르는 것입니다. 저는 지금까지 은혜의 교리를 통해 사람들이 도덕적이고 고결하고 순결하고 거룩하게 변화되는 모습을 많이 봤습니다. 그들은 그리스도께 헌신하는 삶을 살며, 환난을 조용히 감내하며, 죽음의 순간을 기쁨으로 맞이하였습니다. 그리고 이것은 일시적인 것이 아니라 성경의 가르침을 믿은 결과로 생기는 보편적인 현상이었습니다.

옛 복음을 통해 발생하는 거룩한 결과는 참으로 기이합니다. 이미 많이 봐서 익숙해질 법하지만 여전히 그 매력은 변함없습니다. 형편없던 형제자매들이 변화되어 그리스도께 자신을 굴복하고 그분을 위해 살아가는 모습을 보면 은혜의 하나님을 찬양할 수밖에 없습니다. 그래서 〈이런 자들의 삶을 변화시킨 이것은 진정한 복음이 틀림없다〉라고 고백하게 됩니다.

그런데 제가 다른 사람들에 비해 윤리에 관해 그다지 말을 많이 하지 않은 것처럼 생각된다면 〈선한 일에 관해 들을 수 있는 곳으로 가라. 그러나 결국에는 선한 일을「볼 수 있는」다른 곳으로 가라〉라는 옛 노랫말을 떠올리십시오. 그들은 말은 많지

우리의 무기 | 27

만 행함이 없습니다. 아무것도 아닌 일에 호들갑을 떨며 큰 소리로 떠드는 것은 그저 진실을 숨기려는 시도에 불과합니다. 어떤 사람은 예배당에 교인이 거의 남지 않을 때까지 줄곧 선행에 관해서만 설교합니다. 그런데 어떤 사람은 주께서 값없이 베푸신 은혜와 죽기까지 사랑하신 것에 대해 설교해 죄인들이 회개하고 성도가 되게 하며, 그렇게 성도가 된 자들은 하나님께 영광 돌리기 위해 열매가 가득 달린 가지처럼 많은 선행을 베풉니다. 저는 이처럼 지금까지 심은 것을 통해 많은 열매를 거둬왔습니다. 따라서 이 변덕스러운 세대가 제안하는 것에 맞춰 제 방침을 바꾸거나 하지는 않을 것입니다.

또한, 특별히 하나님의 말씀이 지닌 능력을 살펴볼 수 있는 경우는 우리 주변에 죽음을 눈앞에 둔 성도를 볼 때입니다. 며칠 전, 저는 임종을 맞이하는 장로님 곁을 지켰는데, 그와 대화를 나누면서 마치 이 땅에서 천국을 체험하는 것 같았습니다. 저는 그곳에서 그 어떤 결혼식장에서도 볼 수 없는 큰 기쁨을 목격했습니다. 장로님은 곧 예수님 곁에 있을 것을 기대하며 즐거워했습니다. 그는 이렇게 고백했습니다.

> 제게는 어떠한 의심도 먹구름도 고통도 부족함도 없습니다. 심

지어 소원조차 없습니다. 당신이 가르쳐준 교리를 따라 여태껏 살아왔고, 이제 그 교리를 따라 죽음을 맞이하려 합니다. 저는 그리스도의 보혈로 인해 평안합니다. 그것은 굳건한 반석입니다. 많은 사람이 제게 복음을 거스르는 내용으로 편지를 보냅니다. 몇 개를 읽어봤는데 제가 지닌 옛 신앙을 공격하는 내용을 발견했습니다. 하지만 영원한 세계를 목전에 둔 지금은 그것들이 매우 어리석게 보입니다. 지금 제게 새로운 교리가 무슨 소용이 있겠습니까?

저는 장로님의 고백을 통해 큰 힘과 기쁨을 얻고 돌아왔습니다. 무엇보다 그가 그런 축복을 얻을 수 있었던 이유가 제가 그동안 꾸준히 전했던 말씀 때문이란 사실이 저 자신에게 위로가 되었습니다. 저처럼 부족한 도구가 전한 메시지도 하나님께서 사용하신 것은 분명 말씀 그 자체에 능력이 있기 때문이라고 생각합니다. 하나님의 은혜를 기초로 한 영원한 복음에 의지하는 성도가 죽어가며 남긴 간증을 들은 그날에 저는 어느 때보다 더욱 큰 행복을 느꼈습니다. 임종의 순간은 누구도 피해갈 수 없으며 그때 직면하는 궁극적인 문제야말로 무엇이 진짜인지 드러내는 확실한 검증 방식입니다. 성도들이 죽음을 두려움 없이 맞이하게 하는 방법은 옛 복음을 있는 그대로 전하는 것밖에 없습니다.

형제자매 여러분, 저는 하나님께서 제공해주신 성경의 무기고에 있는 장비로 무장할 것입니다. 그곳의 무기는 이미 수많은 검증을 거쳤으며 그곳의 갑주는 한 번도 실망을 준 적이 없기 때문입니다.

또, 저는 하나님의 말씀을 항상 따르고 지킬 것입니다. 지금까지 저를 변화시킨 말씀의 능력을 수없이 체험하였기 때문입니다. 여러분은 하나님의 말씀이 어떻게 여러분의 돌처럼 단단한 마음을 깨뜨리고 고집스러운 의지를 꺾었는지 금세 잊어버리고 말 것입니다. 주님의 말씀이 여러분을 십자가로 나아가게 했고, 그로 인해 여러분은 그리스도께서 주신 화평과 위로를 얻었으며, 그리스도의 희생을 통해 죗값이 사해지고 하나님과 관계가 회복되었습니다. 그 말씀이 여러분 안에 새 생명을 불어넣어 줬으며, 하나님의 자녀란 사실을 처음으로 깨달았을 때 여러분은 믿음으로 소망 가득한 복음의 능력을 체험했습니다. 성령님은 성경을 통해 여러분에게 구원을 일으키셨습니다. 여러분은 주님의 말씀을 따라 회심을 경험했습니다. 이는 〈여호와의 율법은 완전하여 영혼을 소생시키기〉(시 19:7) 때문입니다.

여러분에게 복음을 전해준 사람이 누구든, 복음을 알려준 책이 무엇이든, 그것은 사람의 말이나 생각이 아니라 말씀 그 자체가 여러분에게 주 예수 안에 있는 구원을 깨닫게 해준 것입니다. 구원은 사람의 이성이나 유창한 말솜씨나 도덕적인 설득의 힘으로 이루어지는 것이 아닙니다. 성령님께서 전능하신 권능으로 말씀을 여러분에게 적용시킨 결과, 우리는 믿음을 통해 안식과 평안과 기쁨을 누리게 되었습니다. 우리 자신이야말로 성령의 검으로 이룩한 승리의 결과입니다. 성령님은 우리를 인도해 하나님의 은혜에 자발적으로 굴복하게 하십니다.

회심한 이래로 말씀에 전적으로 의존한 적이 얼마나 됩니까? 여러분은 분명 낙심했을 때도 있을 것입니다. 하지만 그럴 때마다 주님이 주신 귀한 언약을 통해 회복되지 않았습니까? 갑자기 떠오른 성경 구절 덕분에 낙심한 마음이 강건하게 된 경험이 있을 것입니다. 세상 사람들은 몸과 마음을 건강하게 해주는 생수나 강장제를 찾습니다. 하지만 우리에게는 하나님의 말씀이 다른 어떤 것보다 도움이 됩니다.

강한 유혹과 험한 시련이 찾아왔을 때 주님의 말씀은 우리를 지켜줍니다. 우리가 낙심하고 마음에 상처를 입어도 굳게 버틸 수 있는 이유는 성경 말씀을 통해 주님께서 도와주실 것을 확신하기 때문입니다.

말씀이 주는 희망

형제자매 여러분, 우리는 하나님께서 말씀을 통해 새 힘을 주시는 것을 체험했습니다. 여러분은 하나님의 말씀을 대적하는 책을 읽으면 기분이 침체되는 것을 느끼지 않습니까? 제가 아는 어떤 분들은 그런 책을 읽을 때 차갑고 음습한 죽음의 기운이 감도는 느낌이 든다고 합니다. 심지어 저는 아무리 좋은 책이라고 해도 성경 읽기보다 우선시하면 우리의 영혼이 곧 침체에 빠진다고 생각합니다.

아무리 좋은 책이라 해도 여러분이 어느 정도 수준이 높아지면 더 이상 산 정상처럼 우러러보는 대상이 아니라 낮은 평지처럼 내려다보는 대상이 됩니다. 그런 책을 읽어도 여러분의 수준은 더 높아지지 않으며 그저 귀중한 시간을 낭비할 뿐입니다.

그런데 성경도 그렇습니까? 여러분이 매우 높은 수준에 오른다고 하더라도 성경의 가장 단순한 가르침조차 내려다볼 수 있겠습니까? 결코 그렇지 않습니다! 거룩한 말씀으로 채워질수록 우리 마음은 독수리 날개에 올라탄 것처럼 높이 날아오릅니다. 우리가 혼자서 성경을 묵상하고 있을 때는 어김없이 하나님께 가까이 나아가는 것을 느낄 수 있습니다. 그런데 혼자서 묵상할 대가 아니라 다른 사람들과 함께 말씀을 읽을 때는 한 마디씩 덧붙이는 논평이 오히려 향유 단지에 빠진 파리처럼 성경의 깊은 뜻을 훼손할 위험도 있습니다. 기도하는 마음으로 말씀을 연구하는 일은 가르침을 배우는 수단이기도 하지만 경건한 삶을 위한 활동이기도 합니다. 말씀을 깊이 묵상할수록 우리의 삶도 그 안에 담긴 주님의 형상을 닮도록 변화됩니다. 하나님의 말씀처럼 우리 마음을 활짝 열게 만드는 책이 또 어디 있겠습니까?

리처드 백스터, 데이비드 브레이너드, 로버트 머레이 맥체인과 같은 인물의 전기를 읽으면 마치 어둠의 나라로 여행을 다녀와 온통 흙투성이가 되어 우울한 기분에 사로잡힌 사람이 시원한 개울물에 몸을 깨끗이 씻었을 때 같은 느낌을 받습니다. 제가 이런 느낌을 받는 이유는 그들이 성경의 가르침을 삶을 통해 온전히 드러낸 자들이기 때문입니다. 그들은 말씀을 통해 씻기는 물을 얻었으며 우리도 그것이 필요합니다. 우리도 그들처럼 말씀에서 씻기는 물을 발견해야 합니다. 하나님의 진리가 이런 거룩한 사람들의 삶에 어떻게 영향을 주었는지 살펴보면 믿음이 더욱 굳건해지며 거룩한 열망이 샘솟게 됩니다.

말씀이 주는 경고

우리에게 영향을 미치는 다른 것들은 우리가 그리스도를 위해 거룩하게 구별되도록 도와주지 않습니다. 저는 요즘 나오는 서적들을 소위 바빌론의 책처럼 여기는데, 여러분이 이런 책을 읽으면 읽을수록 그것의 영향을 받아 여호와 하나님에게서 점점 멀어지게 될 것입니다. 또, 마치 하나님의 백성인 것처럼 하면서 실제로는 하나님을 따르지 않는 신학자들의 책은 굉장히 해로우며, 그런 책을 읽으면 여러분의 생각은 혼란스럽게 되고 믿음은 오염될 것입니다. 어떤 책은 대부분 내용이 매우 훌륭하지만 극히 일부분이 잘못된 내용을 담고 있기도 한데, 이런 책은 전체가 잘못된 책보다 더욱 해롭습니다.

이런 종류의 책이 마치 메뚜기 떼처럼 쏟아져 나오기 때문에 주의를 기울여야 합니다. 갈라디아서 5장 9절은 거짓 가르침을 적은 양으로 빵 전체를 부풀게 하는 누룩에 비유하며 경고하고 있습니다. 오늘날에는 현대의 누룩에 영향받지 않은 책을 거의 찾아보기 힘듭니다. 그리고 아주 적은 누룩이라도 그것을 발효시켜 큰 오류를 일으키게 합니다. 새로운 해석에 관한 책을 읽어보면 비록 완전히 거짓된 것은 없어 보이지만 미묘하게 비틀어 놓은 내용을 발견하게 되며, 그럴 때 우리의 영은 침체에 빠집니다. 그러므로 경계심을 늦추지 마십시오. 항상 성경을 곁에 두십시오. 성경은 언제나 우리를 평안하게 하며 모든 구절에서 영적인 생명과 건강을 얻을 수 있습니다. 하나님의 영감으로 기록된 이 책에서 떨어지지 않는다면 여러분은 결코 해를 입지 않을 것입니다. 성경은 모든 윤리와 영적인 것의 원천입니다. 따라서 성경이야말로 하나님의 백성을 고귀하게 성장시키는 최고의 양식입니다.

말씀의 깊이

저는 40년 동안 복음을 설교했고, 36년 동안 설교집을 출판하였습니다. 지금까지 거의 2,200주를 연속으로 설교한 셈입니다. 그러므로 설교자에게 성경이 얼마나 깊고 방대한지 말할 자격이 있다고 생각합니다. 형제자매 여러분, 성경은 결코 고갈되는 법이 없습니다. 언제나 신선함을 잃지 않습니다. 배우고 또 배워도 항상 새로운 주제가 나타날 정도로 성경의 방대함은 무한에 가깝습니다. 이 거대한 빛의 대륙을 평생 탐험해도 겨우 해안가만 거닐 수 있을 정도입니다.

저는 40년간 목회를 하면서 이 신성한 진리의 옷을 끝자락만 겨우 만져봤을 뿐이지만, 그로 인해 받은 은혜는 차고 넘쳤습니다! 말씀은 그것을 지으신 저자와 마찬가지로 무한하며 끝을 측량할 수 없습니다. 혹시 여러분에게 영원히 설교해야 하는 사명이 주어진다고 해도 성경에는 그것을 충분히 감당할 만큼 설교 주제가 넘칩니다.

형제자매 여러분, 우리는 전 세계 강단에서 설교해야 할까요? 많은 사람이 모이는 교회를 세워야 할까요? 군중을 향해 큰 목소리로 복음을 선포해야 할까요? 성육신하신 하나님에 관해 듣고 기이하게 여기는 세상의 무리를 향해 은혜의 주님을 증거해야 할까요? 육체로 나타나신 하나님의 비밀을 순수한 마음으로 탐구해야 할까요? 사람들에게 하나님의 영광스러운 복음에 나오는 천상의 나라에 관해 가르쳐야 할까요? 우리 각자가 체험한 하나님의 무한한 사랑을 증거해야 할까요? 저는 그렇게 해야 한다고 생각합니다. 왜냐하면 주님은 〈이제 교회를 통해 하늘에 있는 통치자와 권세들에게 하나님의 여러 지혜를 알게 하시려고〉(엡 3:10) 우리를 구원하셨기 때문입니다. 그리고 성경은 이런 목적을 달성하기에 충분할 만큼 날마다 새로운 찬송과 설교 주제를 영원토록 제공할 것입니다.

말씀을 알기

이처럼 우리에게는 주님께서 주신 무기고가 있으며 다른 것은 필요 없습니다. 따라서 우리는 오직 하나님의 말씀만 사용하며 그것을 최대한 활용하도록 결심해야 합니다. 우리는 성경을 더 잘 이해하도록 노력해야 합니다. 저는 우리 중에 이 말에 반대 의견을 지닌 분이 없었으면 합니다. 여러분은 마땅히 알아야 할 분량의 절반이라도 성경을 이해합니까? 인문학자들이 고전을 깊게 연구하는 것처럼 여러분도 하나님의 말씀을 아는 지식을 얻으려고 노력했습니까? 아직도 성경을 볼 때 전혀 생소한 부분이 발견되지는 않습니까? 하나님께서 기록하신 내용 중에서 여러분이 한 번도 읽어보지 않은 구절이 남아 있습니까?

아치볼드 브라운은 성경을 처음부터 마지막까지 한 구절씩 전부 읽지 않으면 하나님의 가르침 중에서 자신이 놓치는 부분이 있을 것이라는 생각이 들었습니다. 그래서 그는 한 구절씩 차례대로 읽기로 결심하고 그렇게 일독을 하였으며 마침내 습관이 되었습니다. 여러분도 성경을 그렇게 읽어본 적이 있습니까? 그렇지 않다면 지금 즉시 시작하십시오.

어떤 목회자는 성경에서 적절한 구절을 찾아 그것과 병행되는 다른 구절과 연결 짓는 일에 매우 능숙합니다. 그들은 핵심이 되는 구절들을 정확하게 꿰뚫고 있는 것처럼 보입니다. 그들은 성경을 마음에 새겼을 뿐 아니라 손가락 끝에도 새겼으며, 이것은 목회자로서 가장 귀한 업적입니다. 성경에 능통한 학자가 가장 훌륭한 신학자입니다.

말씀을 정확하게 인용하기
목회자 중에는 다른 점에서는 훌륭하지만 유독 성경 구절을 정확하게 인용하는 일에 서툰 분들이 있습니다. 그런 잘못된 인용은 성도들에게 안 좋은 영향을 줍니다. 안타깝게도 말씀의 일부를 생략하거나 혹은 자기 생각을 덧붙이거나 아니면 말씀이 말하는 바를 대수롭지 않게 여기는 목사가 적지 않습니다.

제 동료 목사 중에서도 〈너의 부르심과 택하심을 굳게 하라〉(벧후 1:10)라는 구절을 잘못 인용하는 경우를 많이 봤습니다! 우리 칼빈주의자와 다르게 그들은 〈택하심〉이란 단어를 별로 좋아하지 않아서 〈너의 부르심과 구원을 굳게 하라〉라는 식으로 바꾸어 말하곤 합니다. 어떤 사람들은 한 구절의 절반만 인용하고 뒤는 생략하기도 하는데, 그런 경우 대부분 원래 성경에서 말하는 내용과 정반대의 의미를 지니게 됩니다. 진정으로 성경의 위대한 저자를 경외한다면 말씀을 함부로 변경해서는 안 됩니다. 성경 그 절의 일부를 변경한다고 해서 그것이 우리에게 유익을 주는 경우는 결코 없습니다. 성경의 모든 단어가 하나님의 영감으로 기록되었다는 사실을 믿는 사람이라면 인용할 때도 틀리지 않도록 주의를 기울여야 합니다.

자신이 성경의 오류를 간파할 수 있다고 믿는 사람은 만군의 여호와께서 기록하신 문장을 수정하려고 애쓸 테지만, 하나님을 믿고 그분께서 사용하신 단어들이 옳다고 받아들이는 우리는 그런 무모한 시도를 하지 않을 것입니다. 성경 구절을 인용할 때는 되도록 바른 번역을 인용하십시오. 원문 성경을 읽을 수 있어서 우리가 사용하는 성경의 번역이 미흡할 경우에는 본래의 뜻을 보충할 수 있다면 더욱 좋습니다. 의도치 않게 잘못 인용한 성경 구절 때문에 문제가 생기는 경우가 상당히 많습니다. 성령님께서 가르쳐 주신 신성한 가르침을 있는 그대로 받아들이는 자가 복됩니다! 성경의 의미를 철저히 알고 우리 영혼을 말씀으로 흠뻑 젖게 하십시오! 이것이 우리가 추구해야 할 축복입니다.

말씀을 향한 믿음

하나님의 은혜로 말씀을 향한 우리의 믿음은 갈수록 더욱 강건해집니다. 평범한 믿음은 주변에서 흔히 볼 수 있습니다. 여러분은 여기 모인 동료들을 모두 믿을 것입니다. 하지만 그중에서도 특별히 여러분이 어려움을 겪던 시기에 찾아와 도움을 준 형제들을 더욱 깊이 신뢰할 것입니다. 개인적인 경험을 통해 검증된 사람에게는 절대적으로 신뢰하며 모든 것을 털어놓을 수 있습니다. 신앙도 마찬가지입니다. 여러분은 이전에도 믿기는 믿었지만, 지금은 검증을 통해 더욱 확신을 가지고 믿게 되었습니다.

하나님의 영감으로 기록된 성경을 완전히 믿으십시오. 온 힘을 다해 철저히 믿으십시오. 성경의 진리가 여러분 삶을 이끄는 주 원동력이 되게 하십시오. 인생을 살면서 사회와 가정에서 겪는 모든 일보다도 더욱 확실하게 복음의 내용을 자신의 것으로 삼으십시오. 몸으로 느끼는 고통이나 기쁨이나 욕구보다 더욱 생생한 진실로 받아들이십시오. 허황된 세계에서 벗어나 진리의 세계로 들어갈 수 있다면 우리는 놀라운 새 힘을 얻게 될 것입니다. 성경에 능통하게 된 사람은 하나님을 통해 능력 있는 사람이 됩니다.

또, 우리는 지금보다 더 자주 성경을 인용해야 합니다. 설교는 성경으로 가득해야 합니다. 설교는 성경으로 버무리고 강화하고 거룩하게 해야 합니다. 성경에서 나온 결과물이야말로 청중에게 꼭 필요한 설교입니다. 그들이 듣기 싫어한다면, 우리는 오히려 더욱 성경을 바탕으로 설교해야 합니다. 복음에는 그 자체에 사람들의 관심을 끄는 특별한 능력이 담겨 있습니다. 성경을 진실로 귀 기울여 듣는 사람은 결국 성경을 사랑하게 될 수밖에 없습니다. 그저 성경 구절을 늘어놓는 것은 그리 좋은 설교 방식이라고 할 수는 없지만, 하나님은 분명 그렇게라도 하는 사람을 축복해주실 것입니다. 자신의 빈약한 생각만 늘어놓는 것보다 차라리 성경 구절을 늘어놓는 편이 훨씬 낫습니다. 성경을 인용한 설교는 적어도 듣고 기억할 만한 것이라도 있지만, 자기 생각만 늘어놓는 설교에는 청중이 얻을 만한 것이 거의 없기 때문입니다.

성경 본문은 다른 것으로 보완될 필요가 없습니다. 말씀 자체에 설교에 필요한 핵심이 모두 담겨 있습니다. 말씀이 설교에 권능을 불어넣어 줍니다. 말씀이 실탄이라면 우리 생각대로 내뱉는 말은 그저 종이로 만든 탄환에 불과합니다. 성경은 모든 문제의 결론을 담고 있습니다. 성경이 〈기록되었으되〉라는 말로 결론 맺은 문제에 우리가 덧붙일 내용은 없습니다. 주님께서 말씀하실 때, 성도들의 마음과 생각 속에서 벌어지는 논쟁은 대부분 끝이 납니다. 〈그러므로 주님께서 말씀하셨다〉라는 구절에 의해 그리스도인의 모든 논쟁은 종결되며, 심지어 불경건한 자조차 성령을 거스르지 않고서는 기록된 말씀에 거역할 수 없습니다. 따라서 성도들에게 확신을 주기 위해서는 성경적인 설교를 해야만 합니다.

오직 하나님의 말씀으로

더 나아가 우리는 설교할 때 오직 하나님의 말씀만 선포해야 합니다. 성도들이 복음을 듣지 못하는 가장 큰 이유는 설교자가 예배당을 찾은 성도들에게 복음 이외의 것을 전하기 때문입니다. 다른 어떤 것도 그들의 갈급함을 채워주지 못합니다.

어떤 왕이 매주 많은 사람을 초청하여 큰 잔치를 벌였습니다. 왕은 많은 종을 잔칫상에 배치해 손님의 시중을 들게 했습니다. 그런데 얼마 지나지 않아 잔치에 찾아오는 손님의 발길이 점차 줄어들더니 결국 대부분 사람이 등을 돌리고 말았습니다.

왕이 조사해보니 잔치의 요리가 손님들의 입맛에 만족스럽지 못한 것이 원인이었습니다. 그래서 손님에게 내놓은 잔칫상과

고기를 직접 살펴보기로 했습니다. 그런데 잔칫상에는 다양한 요리가 차려져 있었지만 그것들은 왕의 창고에서 나온 음식이 아니었습니다. 왕은 요리를 보고 이렇게 말했습니다.

> 이것이 어찌된 일인가? 이 요리들이 왜 여기에 있는 것인가? 이것은 내가 마련한 음식이 아니다. 잔치를 위해 내 황소를 잡았으나 여기에는 살진 소고기가 아니라 말라빠진 것만 있구나. 어째서 고기와 야채는 어디 가고 앙상한 뼈밖에 없는가? 빵도 너가 준 최상급 밀이 아닌 싸구려로 만든 것이다. 포도주는 물로 희석되었고, 식수는 깨끗한 우물에서 떠온 것이 아니다.

그러자 옆에서 보좌하던 신하가 이렇게 대답했습니다.

> 오 왕이시여, 저희는 손님들이 과식해서 탈이 나지 않도록 진수성찬 대신 초라한 음식을 대접했습니다. 또, 손님들이 최상급 밀가루 빵에 질리지 않도록 저희가 집에서 만든 겨와 쭉정이가 섞인 빵을 대접했습니다. 학식 있는 자들의 의견에 따르면 요즘 같은 시대에는 왕께서 오래전에 주신 지침보다 저희가 생각한 방식이 더 적합하다고 합니다. 포도주를 희석한 것은 현대인의 입맛이 바뀌었기 때문입니다. 그리고 순수한 물은 지나치게 투명해서 달의 산에서 흘러나오는 이집트 강물의 진흙 맛에 길든 현대인에게는 너무 밋밋합니다.

그제야 왕은 어째서 사람들이 잔치에 오지 않았는지 이해했습니다. 마치 오늘날 많은 사람이 하나님의 전에 나아오는 것을 꺼리는 이유와 비슷하지 않습니까? 저는 그렇다고 봅니다. 이 시대 주님의 종들이 하나님께서 주신 최상급 요리에 자신의 온갖 잡동사니를 잘게 썰어 넣어 싸구려 음식으로 만들지 않았습니까? 그 결과 수많은 사람이 예배당을 떠나가지 않았습니까? 이제 비유의 결말이 어떠한지 들어보십시오.

> 잔칫상을 모조리 치워라!

왕이 분노하며 소리쳤습니다.

> 이 쓰레기를 개들에게 던지고 소고기와 귀한 음식을 내어와라. 회장에서 이 무익한 것들을 없애고 잔칫상에서 더러운 빵과 진흙 섞인 물을 치워라.

신하들은 왕의 명령에 따랐고, 얼마 지나지 않아 잔치에 진귀한 왕의 음식이 나온다는 소문이 온 거리에 퍼졌습니다. 사람들이 몰려왔고 왕의 이름이 온 땅에 널리 퍼지게 되었습니다.

우리도 이와 같이 해봅시다. 그러면 주님의 잔치에 손님들로 가득한 광경을 보며 기뻐하게 될 것입니다.

그러므로 성경이 하나님의 영감으로 기록된 책이란 사실을 믿는 우리는 하나님께서 제공해주신 것을 더욱 온전히 활용하도록 노력해야 합니다. 반복해서 말하지만 우리는 성경이 하나님의 영감으로 기록된 책이란 사실을 확신합니다. 하지만 여러분은 성경의 축자영감에 대해 공격을 퍼붓는 사람들도 존재한다는 것을 알게 될 것입니다. 그들의 공격은 주로 축자영감을 대상으로 한 것처럼 보이지만, 그것은 그저 술책일 뿐이며 실제로는 성경이 하나님의 영감으로 기록되었다는 사실 자체를 공격하는 것입니다. 그들의 논문을 읽다 보면 처음에는 우리 중 누구도 주장한 적이 없는 성경의 영감론에 대해 비판하다가, 이윽고 본색을 드러내며 성경이 하나님의 영감으로 기록되었다는 사실 자체를 부정하려고 합니다.

그런데 우리는 성경의 영감론에 관해 그다지 신경 쓰지 않으며, 솔직히 말하자면 어떠한 〈이론〉도 내세우지 않습니다. 우리에게 성경의 완전한 축자영감은 가설이 아니라 〈사실〉입니다. 공상이 아니라 믿음으로만 논할 수 있는 깊고 신비로운 주제에 관해 이론을 세우는 것 자체가 부끄러운 일입니다. 성경이 하나님의 영감으로 기록되었다는 사실을 굳게 믿으십시오. 실제로 존재하는 사실보다 더욱 확실한 것은 없습니다. 성경에서 일부를 삭제하고 몇몇 구절의 권위를 부정하는 이론을 인정한다면 결국에는 하나님의 말씀이란 이름에 전혀 걸맞지 않게 됩니다.

오류가 없는 말씀
만일 이 성경에 오류가 있다면, 도대체 어디서 오류가 없는 것을 찾을 수 있을까요? 우리가 교황을 버린 것은 그가 끔찍한 오류투성이였기 때문입니다. 하지만 그렇다고 해서 우리는 대학에서 새롭게 쏟아져 나오는 작은 교황 무리로 그를 대체하지는 않을 것입니다. 소위 〈문서 전문가〉라고 하는 이 성경 비평가들은 과연 우리가 따라도 될 만큼 오류가 없을까요? 정말로 우리가 읽는 성경이 틀리고 그 전문가들의 말이 맞을까요?

옛 은화의 가치는 떨어졌으며 그 자리를 대체한 독일의 은화는 마치 금화처럼 여겨지고 있습니다. 마치 소설 같은 현대 서적을 이제 막 완독한 젊은이들은 선조의 사상을 뜯어고치려 합니다. 이 땅에서 가장 경건했던 세대를 일으킨 교리들이 이제는 그저 어리석은 것으로 치부됩니다. 그들은 무엇보다 청교도 냄새를 가장 역겨워합니다. 젊은이들은 〈청교도〉란 말만 들어도 고개를 돌려버립니다. 하지만 만일 청교도들이 다시 나타나 그들과 논쟁을 벌인다면 지금처럼 오만한 태도로 바보 취급하기란 결코 쉽지 않을 것입니다.

오늘날 신앙인 중에서 올리버 크롬웰Oliver Cormwell(청교도 혁명을 일으킨 영국의 정치가_옮긴이)과 그의 동료들을 겁쟁이라고 무시하는 사람은 없을 것입니다. 그런데 올리버 크롬웰은 칭송하면서 그의 신앙을 정통으로 계승한 청교도들은 무시하다니 참으로 이상합니다. 그러면 과연 어디서 절대적 진리를 찾으려는 걸까요? 〈깊은 물도 내 안에 지혜가 없다〉(욥 28:14)라고 말하는데, 전혀 깊이가 없는 자들이 자기 안에 지혜가 있다고 착각하며 끊임없이 요동하는 발판 위에 발을 딛고 서려 합니다.

학식 있는 사람들에게서 절대적 진리를 찾을 수 있을까요? 성경을 읽고 하나님의 언약을 기뻐하는 자에게 〈내일 아침 시내로 나가 목사관에 있는 신학자들에게 당신이 읽은 부분이 하나님의 영감으로 기록된 곳인지 확인해보십시오. 이사야서를 정말로 이사야가 기록했는지 아니면 두 번째 오바댜가 기록했는지 아는 것은 당신에게 매우 유익한 일입니다〉라고 말하는 것이 얼마나 우스운 일입니까?

이런 경우, 영적인 사람이 아니라 학식은 많지만 영적으로는 무지한 사람이 진리의 옳고 그름을 판단하게 됩니다. 그러면 우리는 점점 확신이 없고 비판적으로 변하며, 소수의 학자만 성경에 무슨 내용이 있고 없는지 알고 그들이 나머지 사람들을 지배하게 될 것입니다. 그들은 정확하지도 않을뿐더러 자비도 없고 우리가 소중히 여기는 모든 것을 빼앗으며 그 행위를 즐길 것입니다.

우리는 여전히 하나님께서 지혜롭고 영리한 자들보다 영적인 어린아이들에게 더욱 자신을 드러내신다고 믿으며, 예전에 번역된 성경만으로도 일반인에게 생명과 구원과 경건함을 가르치기에 충분하다고 믿기에 그들의 끔찍한 지배를 참을 수 없습니다. 세상 학문을 무시하는 것은 아니지만, 그렇다고 성경을 비평하는 풍토를 가리켜 〈이스라엘아, 이것이 너희 신이다〉(출 32:4,8)라고 말하는 일은 절대 없을 것입니다.

사람들이 왜 성경이 하나님의 영감으로 기록되었다는 사실을 최대한 축소하려 하는 줄 아십니까? 그것은 바로 하나님의 진리를 다른 것으로 대체하려고 하기 때문입니다. 밝은 빛을 비추었을 때 화려한 색과 질감을 보이는 물건을 사려고 저녁에 상점에 들렀다고 가정해봅시다. 그런데 점원이 일부러 내부 조명을 어둡게 하고 물건을 보여준다면 당연히 의심이 생기지 않겠습니까? 분명 여러분은 점원이 가짜를 팔려 한다고 생각할 것입니다. 저는 성경이 하나님의 영감으로 기록되었다는 사실을 축소하려는 자들의 속셈도 이와 같다고 봅니다.

성경의 영감을 축소하려는 사람이 있다면, 그것은 분명 빛 가운데서는 쉽게 발각될 속임수를 쓰려고 하기 때문입니다. 어둠의 의식을 치르는 사람들처럼 조명을 어둡게 하려는 것입니다. 형제자매 여러분, 우리는 기꺼이 하나님의 말씀이 온전히 하나님의 영감으로 기록되었음을 고백하며, 이 말씀에 의한 설교가 아니라면 그 안에는 빛이 조금도 없다고 당당히 말할 것입니다. 우리는 모든 방식으로 말씀에 의해 검증되기 원하며, 우리 설교를 듣는 청중이 날마다 말씀에 비추어 우리가 말하는 것이 진실인지 살펴보기를 원합니다. 하지만 성경의 영감을 축소하려는 자들의 의견에는 조금도 영향받지 않을 것입니다.

과학, 철학, 종교

〈하지만 과학적으로 밝혀진 결론에는 순응해야 하지 않나요?〉라는 의견도 있을 것입니다. 우리도 과학적으로 명백히 밝혀진 사실은 기꺼이 받아들일 것입니다. 그런데 〈과학적〉이란 말이 정확히 무엇을 의미할까요? 소위 과학적이라 불리는 것들이 모두 오류가 없을까요? 잘못된 사실이 과학적이라 불리는 경우는 없을까요? 철학의 역사를 살펴보면 인간이 얼마나 무지하고 어리석은지 알 수 있습니다.

에라스뮈스 같은 사람이 다시 나타나 인간의 무지함에 관한 역사책을 저술한다면 분명 과학과 철학을 다루는 데 많은 부분을 할애할 것입니다. 물론 저는 감히 모든 과학자와 철학자를 어리석다고 주장하는 것은 아닙니다. 만일 그들을 한곳에 모아 서로에 대해 논평할 기회를 준다면 그들은 오히려 서로에게 제가 그들을 존중하는 것보다 훨씬 적게 칭찬의 말을 주고받을 것입니다.

각 시대의 지혜로운 자를 초청하여 자신의 바로 전 시대에 관해 이야기할 기회를 주면 그들이 알아서 비판해줄 것입니다. 최근에는 한 시대가 아니라 절반의 시대로도 충분합니다. 오늘날 과학 이론 중에서 20년 이상 살아남는 것은 매우 적으며, 20세기가 되면 그 숫자는 더욱 적어질 것입니다.

우리는 현재 다양한 과학적 가설이 급행열차처럼 빠르게 지나가는 시대를 살고 있습니다. 오늘날 한 가지 분명한 것이 있다면 불과 몇 년 전에 학자들이 확실하다고 여기던 가설이 지금은 오류로 판명되어 버려진다는 점입니다. 저는 과학은 믿지만 소위 과학적이라 불리는 것은 믿지 않습니다. 자연에서 증명된 사실 중에 하나님의 계시와 상반되는 것은 없습니다. 허황된 주장을 늘어놓는 사람들의 그럴듯한 추측은 성경의 진리와 조화될 수 없으며, 설사 가능하다 하더라도 우리는 그렇게 하지 않을 것입니다. 어떤 사람이 이런 말을 남겼습니다.

> 이 위대한 인물들이 어떻게 별의 무게를 알아내고 별 사이의 거리를 알아내며 심지어 분광기를 사용해 별의 구성 물질을 발견해냈는지 어느 정도 이해할 수 있다. 하지만 그들이 어떻게 그 별들의 이름을 알아냈는지는 모르겠다.

저는 그가 어떤 기분으로 이런 말을 했는지 알 것 같습니다.

과학에서 공상적인 부분은 아무리 많은 사람이 높게 평가하는 이론이라 해도 우리는 받아들이지 않습니다. 그저 추측에 불과한 가설이지만 많은 사람이 그것을 과학의 중요한 부분이라고 생각하며 서로 자신의 추측이 맞다고 필사적으로 싸웁니다. 과학의 신화는 이교도의 신화만큼 잘못되었지만 사람들은 그것을 신처럼 떠받듭니다. 다시 말하지만 분명한 사실로 밝혀진 과학은 성경의 진리와 어긋나지 않습니다. 하지만 이런 사실을 바탕으로 성급하게 추론하여 날조된 가설은 성경과 어긋납니다. 거짓은 진리와 일치하지 않기 때문에 이것은 당연한 일입니다.

주로 두 부류의 사람들이 심각한 문제를 일으킵니다. 게다가 둘 다 재판관의 역할을 감당하기에는 미흡합니다. 심판이라면 양측 입장을 모두 아는 것이 필수인데, 이 두 부류는 올바른 판단을 내리기에 충분한 정보를 지니지 않았습니다.

첫째 부류는 비종교적인 과학자입니다. 그들이 과연 종교적인 문제에 관해 무엇을 알 수 있을까요? 〈과학과 종교가 일치하는가〉라는 질문에 그들은 대답할 수 없습니다. 이 질문에 답변하려면 양측 입장을 모두 알아야만 합니다.

둘째 부류는 조금 낫지만, 오히려 더 심각한 문제를 일으킬 수 있습니다. 그들은 비과학적인 그리스도인이며, 어떻게 해서든 자신의 이해력으로 과학과 성경을 조화시키려 애씁니다. 이런 자들은 차라리 이 문제에 손을 대지 않는 편이 좋습니다. 그들이 자주 범하는 실수는 문제를 해결하기 위해 성경의 내용을 비틀거나 혹은 과학적 사실을 왜곡하는 것입니다. 그렇게 내놓은 해결책은 이윽고 오류를 드러내며, 결국 사람들에게 성경 말씀이 잘못되었다는 비난을 듣게 됩니다. 하지만 결코 성경에 문제가 있는 것이 아닙니다. 그저 억지로 발라놓은 세속적인 도금이 벗겨졌을 뿐입니다.

한 예를 들자면, 어떤 형제가 성경의 6일 창조 이야기가 여섯 단계의 지질 시대를 나타내는 것이라고 증명하는 책을 썼습니다. 그는 각 지층과 그 안에 있는 유기체들이 창세기에 기록된 창조 순서와 매우 흡사하다고 주장했습니다. 그의 말이 맞을 수도 있고 아닐 수도 있습니다. 하지만 얼마 지나지 않아 다른 사람이 그의 설명과 일치하지 않는 지층을 발견한다면 어찌하겠습니까?

성경은 결코 그런 식으로 가르치지 않았습니다. 그저 〈태초에 하나님께서 하늘과 땅을 창조하셨다〉(창 1:1)라고 말합니다. 말씀에 의하면 현재 인간의 시대가 창조되기 전에 다른 어떤 시대가 끼어들 만한 시간적 여유가 없습니다. 주님은 6일 동안 하늘과 땅을 만드시고 7일째 되는 날에 안식하셨습니다. 창세기 1장에 장기간 지속된 지질 시대에 관한 내용은 전혀 없으며, 오히려 〈저녁이 되고 아침이 되니, 첫째 날이었다〉, 〈저녁이 되고 아침이 되니, 둘째 날이었다)라는 말이 반복됩니다. 저는 지금 어떠한 이론을 내세우려는 것이 아니라, 단지 그 형제가 쓴 책에 문제가 많더라도 그것은 전혀 성경의 책임이 아니라고 말하고 싶은 것입니다. 분명 그가 주장하는 이론처럼 시대에 따른 생태계의 발전 형태와 7일 동안의 창조 순서에는 유사한 점이 있습니다. 하지만 이것은 하나님께서 일하실 때는 대체로 특정한 순서에 따라서 하신다는 사실로 설명될 수 있으며, 그것이 긴 시간에 걸친 것인지 짧은 시간 동안에 일어난 일인지와는 상관이 없습니다. 저는 이 문제에 관해 자세히 알지는 못합니다. 단지 제가 말씀드리고 싶은 것은 여러분이 기존의 해석을 뒤엎으려 할 때, 그 해석의 바탕이 되는 성경의 진리까지 손상해서는 안 된다는 점입니다. 그것은 마치 방어할 필요가 전혀 없는 난공불락의 요새를 지키려고 애쓰다가 오히려 나무 울타리만 태우는 격입니다.

대부분의 경우, 난제를 해결하기 위해 자신이 생각한 이론으로 그것을 더욱 어렵게 만들기보다는 그저 있는 그대로 내버려두는 편이 나을 때가 많습니다. 어째서 울타리에 난 구멍을 수리하려고 새로운 구멍을 만듭니까? 더욱이 애초에 수리할 구멍조차 없는 울타리라면 건드릴 필요가 있겠습니까? 충분히 증명된 과학적 사실이라면 모두 믿으십시오. 큰 문제는 없을 것입니다. 여러분의 신앙이 짓눌릴까 두려워할 필요는 없습니다. 그리고 하나님의 말씀에서 명백하게 밝혀진 것은 외적 증거가 있든 없든 모두 믿으십시오. 하나님께서 말씀하신 내용은 증명하려 애쓸 필요가 없습니다. 주께서 말씀하신 것 자체로 이미 충분한 증거가 됩니다.

그런데 나머지 다른 사람들을 구원하기 위해 우리가 지닌 기존 신학의 일부를 포기해야 한다는 주장도 있습니다. 우리는 마치 러시아의 광활한 들판을 여행하는 마차에 타고 있는 것 같습니다. 마부가 열심히 말을 몰지만 늑대들이 점점 가까이 다가오고 있습니다! 이글거리는 눈빛이 보이지 않습니까? 위험이 다가오고 있습니다. 이때 우리는 과연 무엇을 해야 할까요?

늑대들은 우리에게 자식을 내놓으라고 위협합니다. 그것들이 우리 아이들을 먹어치우는 사이에 조금은 도망갈 수 있을 것입니다. 하지만 또다시 따라잡히면 그대는 어떻게 하겠습니까? 아마 아내도 포기하지 않을까요? 인간은 자기 목숨을 부지하기 위해서라면 가진 것을 모두 포기할 것입니다. 이런 식으로 진리도 하나씩 포기하다 보면 결국 거의 모든 진리를 잃게 될 것입니다.

성경의 영감론을 포기하고 비평가들에게 먹잇감으로 던져줘 보십시오. 하나님의 택하심과 옛 칼빈주의 교리를 모두 포기하고 던져줘 보십시오. 그러면 늑대들이 잔치를 벌일 것이며, 우리에게 그것들을 포기하도록 넌지시 조언했던 자들은 은혜의 교리가 갈기갈기 찢기는 모습을 보고 즐거워할 것입니다. 전적 타락과 영원한 형벌과 기도의 효력에 관한 교리도 던져줘 보십시오. 그런 식으로 우리는 짐마차를 최대한 가볍게 만들었습니다.

이제 무엇을 던질 차례인가요? 그리스도의 위대한 희생을 포기하겠습니까? 속죄의 교리를 던져버릴 것입니까! 형제자매 여러분, 그렇게 조언하는 자들은 사악한 살인마와 같습니다. 우리는 어떤 것도 포기하지 않고 이 늑대들에게서 도망쳐야 합니다. 그렇지 않으면 결국 모든 것을 잃게 될 것입니다. 진리는 전체가 온전하지 않으면 안 됩니다. 절반의 진리를 구하기 위해 다른 절반을 던져버려서는 안 됩니다. 그런 교활한 조언에 넘어가면 우리는 하나님께 반역죄를 저지르는 것입니다. 우리는 모든 진리를 지킬 것이며, 그렇지 않으면 그것은 더 이상 진리가 아닙니다. 우리는 모든 성경을 지킬 것이며, 그렇지 않으면 그것은 더 이상 성경이 아닙니다.

사람들은 우리에게 무엇 하나를 포기하면 상대방도 하나를 포기할 것이라 말합니다. 하지만 우리는 그들이 조금도 두렵지 않기에 무엇을 하든 상관하지 않습니다. 그들은 자기들이 생각하는 것처럼 그렇게 강력한 정복자가 아닙니다. 그들에게 우리가 요구할 만한 것은 없습니다. 그리스 제국의 정복자가 적국을 공격했을 때 상대가 많은 금과 영토를 제공하는 조건으로 싸우지 않고 손쉽게 승리의 영광을 거머쥐고 본국으로 돌아갈 것을 제안했습니다. 하지만 그는 〈그리스 군대는 선물이 아니라 전리품을 통해 승리의 영광을 취한다〉라고 말하며 제안을 거절했습니다. 우리도 이와 같은 마음가짐을 지녀야 합니다.

우리는 성령의 검을 들고 진리 전체를 우리 것으로 지킬 것이며, 결코 하나님의 원수들에게 양해를 구하지 않을 것입니다. 우리는 하나님의 진리를 있는 그대로 온전히 보전할 것입니다. 철학적 사고를 통해 그 일이 옳다고 판단되었기 때문이 아니라 단지 그것이 하나님의 진리이기 때문에 그렇습니다. 우리가 성경을 믿는 것을 과학자들이 일부분 인정해준다고 해서 전혀 고마워할 일이 아닙니다. 그들이 인정하든 하지 않든 우리는 성경 전체를 온전히 믿습니다. 과학자들이 우리의 믿음을 논평하는 것은 프랑스인이 영국인에게 런던에 관해 이야기하거나 두

더지가 독수리에게 시력에 관해 이야기하는 것만큼 부질없는 일입니다. 하나님께서 우리와 함께 계시기에 우리는 하나님께서 계시해주신 진리 전체를 세상 끝날까지 기쁜 마음으로 붙들 것입니다.

형제자매 여러분, 첫 번째 주제를 너무 길게 이야기한 것 같지만 이것만은 꼭 기억하시기 바랍니다. 우리에게는 우리가 읽은 하나님의 말씀을 모두 선포해야 할 의무가 있습니다. 하나님의 계시에서 의도적으로 일부를 제거하면 안 되며, 마지막 날에 〈우리가 하나님의 계획을 하나도 빼놓지 않고 담대히 선포했다〉라고 고백할 수 있어야 합니다. 진리에서 일부를 빼거나 혹은 다른 내용을 더하면 나중에 반드시 큰 문제가 생길 것입니다!

제가 〈하나님의 말씀에 유아 세례를 추가한 일이 여러 문제를 야기했다〉라고 말하면 분명 동의하지 않을 형제들이 많을 것입니다. 하지만 실제로 유아 세례는 성경에 나오지 않습니다. 〈세례에 의한 속죄Baptismal regeneration〉라는 교리가 바로 유아 세례를 근거로 하고 있습니다.

제가 겪은 사례를 하나 말씀드리겠습니다. 침례교파가 아닌 웨

슬리파 회중 교회에 속한 선교사들에게 편지를 받았는데 이런 내용이 적혀 있었습니다.

> 우리가 이곳(이분들이 피해를 보지 않도록 지명은 밝히지 않겠습니다)에서 선교하면서, 믿는 집안에서 태어나 세례를 받고 그리스도인이라 불리지만 행실은 그들 주변의 이교도보다 조금도 낫지 않은 사람을 많이 봤습니다. 그들은 자신이 세례를 받았기 때문에 스스로 그리스도인이라 여겼으며, 동시에 이교도들도 그들을 그리스도인이라 생각했습니다. 그리고 그들의 악한 행실이 선교의 큰 걸림돌이 되고 있습니다.

실제로 이런 일이 많이 일어납니다. 저는 그저 사실을 예로 들었을 뿐입니다. 이처럼 성경에 없는 내용을 추가하거나, 반대로 진리 중 일부를 누락할 경우에는 반드시 문제가 일어납니다. 따라서 소위 〈하나님의 진노〉라 알려진 무시무시한 진리도 있는 그대로 선포하지 않고 누락한다면 오히려 더 큰 재앙을 불러올 것입니다.

진리를 빠뜨리지 않고 전하기

제가 아는 어떤 분은 이 중요한 주제에 관해 정확하게 가르치고 있지는 않지단, 그럼에도 〈현대 강단의 가장 큰 약점은 하나님의 공의와 죄의 심판을 무시하는 것이다)라는 글을 반복해서 발표했습니다. 그의 주장은 사실이며, 그가 지적한 문제는 굉장히 심각합니다. 이 엄숙하고 암울한 진리를 빠뜨린다면 여러분이 전하는 다른 모든 진리도 그 힘이 약해집니다. 심판에 관해 전하지 않는다면 임박한 진노에서 구원받는다는 중대한 진리를 사람들이 알 수 없습니다.

동료 여러분, 아무것도 빠뜨리지 말고 진리를 전하십시오. 사람들에게 인기 없는 진리라 할지라도 담대히 선포하십시오. 우리가 주님의 말씀에 무언가를 더하거나 빼는 악행을 저지른다면, 당장 우리 세대는 아무 일이 없을지라도 후대에 반드시 큰 문제가 발생할 것이며, 우리도 그 책임에서 벗어나지 못할 것입니다. 저는 초대 교회 시절에 진리의 일부를 누락한 일이 후대에 심각한 오류를 발생시켰다고 확신합니다. 또, 당시에는 순수한 마음으로 추가했던 각종 의식과 행사가 결국 의식주의로 발전해 로마 가톨릭이란 심각한 이단이 탄생하는 계기가 되었다고 생각합니다. 그러니 주의하십시오. 성경 말씀에서 한 줄도 빼거나 더하지 마십시오. 성령님께서 가르치신 대로 하나님의 말씀에 온전히 머물며, 하나님께서 계시하신 것은 하나도 감추지 마십시오.

주 예수님께서 주신 두 가지 성례, 곧 세례와 성찬을 폐지하려 하지 마십시오. 반대로 그런 의식을 마치 은혜가 흘러들어오는 통로처럼 과장하지도 마십시오. 그저 성령님께서 계시해주신 진리 안에 머물러 있으십시오. 하나님의 진리를 잘못된 방식으로 전할 때는 여러분 안에 아무런 기쁨이 느껴지지 않을 것입니다.

5세기 스파르타의 길리포스 장군에게 리산드로스 제독이 정부 당국에 전달할 금화 주머니를 맡겼습니다. 주머니는 단단히 묶여 인이 쳐진 상태였습니다. 하지만 길리포스는 주머니 아랫단에 구멍을 뚫어 금화를 조금 꺼낸 뒤 다시 꿰매면 아무도 의심하지 않으리라 생각했습니다. 안타깝게도 주머니에는 각각 얼마의 금화가 들어있어야 한다는 쪽지가 동봉되어 있었고 결국 그의 도둑질은 발각되고 말았습니다.

하나님의 말씀은 서로 증거가 되는 구절들이 많아서 일부를 누락하면 나머지 구절의 의미가 모호해지게 됩니다. 주님의 말씀에 여러분 멋대로 더하거나 뺀다면 과연 심판 날에 주님께 어떻게 설명하시겠습니까? 저는 지금 여러분이 하나님의 진리를 어떤 식으로 해석해야 하는가에 관한 문제를 다루고 있는 것이 아닙니다. 저와 여러분의 해석이 조금 다를 수도 있습니다. 하지만 우리가 올곧고 정직하며 하나님을 두려워하는 사람이라면 분명 아주 큰 차이는 없을 것입니다. 평화를 위한 방법은 자신의 신념을 숨기는 데 있지 않으며, 오히려 성령님의 능력으로 그것을 솔직하게 표현하는 데 있습니다.

한마디 더 하겠습니다. 우리에게는 하나님의 말씀에 기록된 모든 것을 분명하고 뚜렷하게 설교해야 할 의무가 있습니다. 목회자 중에 상당수가 진리를 열린 결말의 형식으로 모호하게 설교하면서 하나님의 말씀을 기만하고 있지 않습니까? 성도 중에는 수년 동안 교회를 섬겼으면서도 정작 그곳의 담임 목사가 어떤 신앙을 지녔는지 모르는 사람도 있습니다. 어떤 조심스러운 목회자에게 성도가 〈속죄에 대한 목사님의 관점은 무엇인가요?〉라고 질문했습니다. 그러자 그는 〈형제님, 그 주제야말로 제가 누구에게도 말한 적이 없는 것이며, 당신에게도 말하지 않을 것입니다〉라고 대답했습니다.

이것은 복음 설교자로서 도의에 어긋난 행위입니다. 안타깝게도 이처럼 확실히 대답하지 못하는 목회자가 적지 않습니다. 그들은 자신이 지닌 의심을 그저 혼자만 간직하는 것뿐이라고 말합니다. 목회자끼리 사적으로 모인 장소에서 했던 말을 강단에서 공개적으로는 말하지 못하는 자들이 많습니다. 이것이 정직한 일일까요? 이런 일은 미국 남부의 한 교사에게도 있었습니다. 재스퍼란 이름의 연로한 흑인 교사는 사람들에게 이 세상은 팬케이크처럼 평평하며 태양이 매일 그 주위를 돈다고 가르쳤습니다. 우리는 그의 가르침을 받아들이지 않지만 어떤 사람들은 그것을 믿었습니다. 그들 중 한 사람이 아이를 데리고 교사를 찾아가 〈선생님은 아이들에게 세상이 둥근지 평평한지 가르치십니까?〉라고 질문했습니다.

교사는 신중하게 〈그렇습니다〉라고 대답했습니다. 질문한 사람은 어리둥절하여 다시 명확하게 물었습니다.

　선생님은 아이들에게 세상이 둥글다고 가르치십니까? 아니면
　평평하다고 가르치십니까?

그러자 그 미국 교사는 〈그것은 학부모님의 의견에 달려 있습니다〉라고 답했습니다.

영국의 교회에서도 일부 안건에 관해서는 대표 집사나 십일조를 가장 많이 내는 성도나 유복한 청년의 성향에 따라 결정되

는 경우가 적지 않은 것 같습니다. 이것이 사실이라면 매우 끔찍한 일이 아닐 수 없습니다.

목적이 어찌 되었든 우리가 겉과 속이 다르게 가르치면 매우 심각한 결과를 초래할 것입니다. 앞서 언급했던 사랑하는 아치볼드 브라운 형제에게 이런 예화를 들었습니다. 한 거지가 목사를 찾아와 돈을 구걸했습니다. 그 목사는 거지의 꼴이 너무 마음에 안 들어 〈나는 당신과 상관없습니다. 왜 나를 찾아왔는지 모르겠군요〉라고 말했습니다. 거지는 〈제가 목사님의 목회를 통해 무엇을 얻었는지 아신다면 분명 저를 도와주실 것입니다〉라고 대답했습니다. 〈그것이 무엇이오〉라고 목사가 물었습니다. 그러자 거지는 이렇게 대답했습니다.

> 제가 처음 목사님 설교를 들으러 왔을 때는 하나님이나 마귀에게 전혀 관심이 없었습니다. 하지만 이제는 목사님의 가르침을 듣고 둘 다 사랑하게 되었습니다.

겉과 속이 다른 교사의 가르침을 듣고 사람들이 진리와 거짓을 동시에 사랑하게 되다니 얼마나 놀라운 일입니까! 사람들은 이렇게 말할 것입니다.

우리는 이 교리도 좋아하지만, 그와 반대되는 저 교리도 좋아합니다.

실제로 영리하지만 겉과 속이 다른 사람이 그럴듯한 방식으로 가르치면 사람들은 무엇이든 좋아할 것입니다. 사람들은 모세와 아론을 존경했지만 그들을 대적했던 얀네와 얌브레의 말도 들었습니다. 우리는 그렇게 해서는 안 됩니다.

우리는 사람들이 우리가 무엇을 설교하고 있는지 확실히 알아 듣도록 명확하게 복음을 전해야 합니다. 나팔이 불분명한 소리를 내면 누가 전투를 준비하겠습니까?(고전 14:8) 애매모호한 설교로 사람들을 혼란스럽게 하지 마십시오. 어떤 사람이 이런 말을 했습니다.

> 최근에 새로운 해석 방안이 하나 떠올랐습니다. 하지만 저는 그것을 깊이 파고들지 않고 멀리 던져버렸습니다.

우리에게 떠오른 새로운 해석 방안은 대부분 이렇게 하는 것이 좋습니다. 무슨 수를 쓰든 그것을 멀리 던져버리십시오. 하지만 강단에서 던져서는 안 됩니다. 그것을 듣고 누군가가 시험에 들어 믿음에 상처를 입을 수도 있습니다. 여러분의 변덕스러운 생각을 멀리 던져버리되, 먼바다에 홀로 나가서 하십시오. 그래서 여러분의 성급한 잡생각을 물고기들이 먹어 치우게 하십시오.

사냥개와 여우를 구별하기

최근 우리 주변에 그리스도와 복음을 전하면서, 동시에 진리가 아닌 것을 섞어서 전하는 사람들이 있습니다. 그들은 그런 식으로 자신이 전한 복음을 파괴하며 사람들을 오류에 빠뜨립니다. 그들은 〈복음주의〉를 표방하지만 실제로는 〈반복음주의〉 사역을 하고 있습니다. 이런 자들을 조심하십시오.

사냥할 때 여우는 사냥개인 척하며 무리에 섞여서 도망간다고 합니다. 이처럼 그들도 사냥개인 척하는 여우입니다. 하지만 여우는 지독한 냄새 때문에 금세 개들에게 발각됩니다. 마찬가지로 거짓 교리의 냄새도 숨길 수 없으며 속임수는 오래가지 못합니다.

자신이 사냥개인지 여우인지 분간하기 어렵게 하는 목회자들도 있습니다. 하지만 우리의 행실과 성품이 바르다면 사람들은 그것을 보고 우리가 믿고 가르치는 내용을 의심하지 않을 것입니다. 우리는 근본적인 진리를 품고 있기 때문에 머뭇거림 없이 단순하고 강력하게 그것을 선포할 것입니다.

지금까지 첫 번째 주제에 너무 많은 시간을 할애한 것 같습니다. 그래서 다른 두 가지 주제는 상대적으로 짧게 이야기하겠지만, 그것들 역시 첫 번째와 마찬가지로 매우 중요한 내용입니다.

다음으로 우리의 군대에 관해 이야기하겠습니다.

우리의 군대

큰 전쟁을 치를 때 개인이 혼자서 무엇을 할 수 있을까요? 우리는 주님의 백성 모두와 함께해야 합니다. 동료 군사로서 교회의 성도들이 필요합니다. 그들과 함께 그리스도를 위해 영혼을 구해야 합니다. 모든 형제자매와 협력해야 합니다. 구원받은 자들이 다른 사람의 구원을 위해 모두 함께 나서지 않고서 과연 무엇을 이룰 수 있겠습니까? 그런데 요즘 떠오르는 쟁점 중 하나는 〈과연 교회는 존재해야 하는가?〉라는 것입니다.

교회는 성도로만 이루어진 구별된 군대여야 할까요, 아니면 무신론자를 수용해도 될까요? 여러분은 최근에 예수 그리스도의 교회를 대신할 〈미래의 교회〉라는 개념에 대해 들어보셨을 것입니다. 이 개념을 주장하는 사람들은 그것이 미래의 〈이상적인 교회〉라고 제안하며, 그리스도인을 따로 구별하지 말고 무신론자도 받아들여 교회를 마치 극장이나 주점처럼 운영하자고 합니다. 교회에 무신론자를 들이면 결국 악한 영도 함께 들어올 것입니다. 실제로 그런 모습을 보면 얼마나 기가 막힐까요! 그렇게 되면 그것은 더 이상 교회가 아닙니다.

적군의 탈영병을 그리스도의 군사들 사이에 섞어 부대를 구성하면 과연 그리스도의 군대가 온전할까요? 전쟁을 시작하기도 전에 항복하는 것이나 마찬가지이지 않을까요? 제 생각은 그렇습니다.

우리는 단지 하나님의 교회를 믿는 것에서 그치는 것이 아니라 다른 어떤 것보다 중요하게 여겨야 합니다. 어떤 교파에서는 다른 것을 교회보다 더 중요하게 여기기도 합니다. 하지만 교회의 모임보다 더 중요한 것은 없습니다. 또, 어떤 부류에서는 특정 목회자나 성직자를 〈교회〉라 지칭하기도 합니다. 하지만 이것은 잘못되었으며, 실제로는 믿음을 지닌 모든 사람을 총칭해서 교회라 합니다. 그리고 이들이 교회로서 역할을 수행하기 위해 함께 모일 필요가 있습니다.

하나님의 교회가 하는 역할은 하나님의 일을 이 땅에서 수행하는 것입니다. 교회의 최종적인 권위와 지침은 우리 주 예수님께 있으며, 교회는 선거로 선출된 소수의 대표단이 아니라 주님의 통치 아래 있는 모든 믿는 자에 의해 운영됩니다.

우리는 하나님께서 교회를 우리 손에 맡기셨다는 사실을 더욱 확실하게 인정해야 합니다. 그럴 때 우리는 잠재적인 능력을 일깨울 수 있습니다. 예수 그리스도께서 교회를 인정하셨으므로, 교회의 종인 우리도 교회를 인정해야 합니다.

교회의 기준

이렇듯 교회는 존재해야 합니다. 하지만 때로는 교회 때문에 실망하는 경우가 많습니다. 큰 교회에서 사역하는 목회자라면 이 말에 공감할 것입니다. 오늘날의 교회가 바울이 사역하던 시대의 교회와 비교해 더 나은지 부족한지는 잘 모르겠습니다. 고린도 교회, 라오디게아 교회 및 다른 교회들도 심각한 문제가 있었으므로 오늘날 교회에 문제가 있다고 해서 그리 놀랄 일은 아닙니다. 그렇다고 해도 우리는 그런 문제를 비통해하며 더 높은 기준을 향해 나아가야 합니다. 우리는 교인들이 마땅히 해야 할 의무를 다하지 못하고 있으며 우리 자신도 그러하다는 사실을 인정합니다. 그래도 만일 제게 영광스러운 성도의 무리를 고를 기회가 주어진다면, 저는 주저 없이 우리 교회 교인들을 선택할 것입니다.

**이들은 내가 지키는 무리이며,
나의 가장 엄선된 친구들이다.**

오 예루살렘아, 네가 수많은 잘못을 저질렀으나, 나는 여전히 너를 사랑한다! 어찌 되었든 하나님의 백성은 인류 중 가장 고귀한 자들입니다. 하나님께서 그들을 축복하십니다! 그렇기에 우리는 교회를 세워야 합니다.

이제 교회의 통계적인 문제에 관해 이야기하겠습니다. 사랑하는 동료 여러분, 이 문제는 많은 부분이 여러분께 달려 있습니다. 저는 여러분이 사역하는 교회의 교인 수를 부풀리지 않기를 권면합니다. 종교적인 통계가 충격적일 정도로 거짓인 경우가 너무 많습니다. 여러분도 주변에서 잘못된 사실을 꾸며낸 경우를 들어봤을 것입니다. 최근 어떤 교회에 새롭게 나온 교인이 4명 늘어났다는 소식을 들었습니다. 그런데 기존 교인 중 25경이 더 이상 나오지 않는데도 그 교회의 교인 목록은 전혀 수정되지 않았습니다. 이렇게 통계 숫자를 조작하는 것은 잘못된 일이 아닌가요? 숫자를 부풀리는 방법은 많지만, 여러분은 절대 그러지 마십시오. 실제로 출석하지 않는 이름뿐인 교인을 명부에 남겨두지 마십시오. 연로하신 목회자 중에는 예전에 출석했던 교인의 이름을 명부에서 지우지 못하고 남겨두신 분들이 있습니다. 하지만 그들이 어디서 무얼 하고 있는지도 모르는데 어떻게 교회 인원으로 계산할 수 있습니까? 미국으로, 호주로, 천국으로 떠나간 사람들의 이름이 여전히 여러분의 교인 목록에 남아 있는 것이 과연 타당할까요?

완벽히 정확한 통계를 내는 것은 불가능하지만 최대한 정확하게 하려고 노력하십시오. 우리는 이 일을 매우 진지하게 생각하며 거짓으로 기록하는 죄를 짓지 않도록 해야 합니다. 하나님은 허울뿐인 일을 축복하시지 않습니다. 거짓으로 하는 사역은 하나님의 방식이 아닙니다. 실제로 예배에 참석하지 않는 사람의 이름을 교인 명부에 기록하지 마십시오. 교회를 실질적으로 운영하고, 그러지 못할 경우 차라리 기록하지 마십시오. 명목상의 교회는 거짓일 뿐입니다. 교회를 있는 그대로 드러내십시오. 우리가 원하는 것은 사실이지 통계가 아닙니다.

차세대 교회를 키우기

교회는 앞으로 성장할까요? 아니면 소멸할까요? 두 일 모두 일어날 것입니다. 우리는 동료들이 하나씩 소천하는 것을 볼 것이고, 만일 그때 회심한 젊은 남녀가 합류하지 않는다면 지상의 교회는 하늘의 영광스러운 교회로 이전할 것입니다. 그러면 이 땅에 주님의 나라와 뜻이 이루어지게 하기 위해 우리는 무엇을 해야 할까요?

우리는 교회가 계속 성장하도록 기도하고 간구해야 합니다. 이것을 위해 우리는 설교하고 심방하고 기도하고 사역해야 합니다. 주님, 저희에게 날마다 구원받는 자를 더하여 주소서! 열매가 없다면 그 씨는 참된 씨일까요? 사도들이 얻었던 열매를 우리도 얻지 못한다면, 과연 우리는 사도들의 가르침을 전하고 있는 것이 맞을까요? 형제 여러분, 우리가 돌보는 양떼의 수가 늘지 않는다면 우리의 심령은 그로 인해 심히 괴로워해야 합니다. 오 주님께 간구하오니, 저희에게 양떼를 더하여 주소서!

기도하는 교회

하나님의 뜻이 이루어지도록 하기 위해 교회가 해야 할 일은 성도들에게 기도하는 법을 훈련하는 것입니다. 안타깝게도 기도 모임이 없는 교회가 너무 많습니다. 설사 기도 모임이 없는 교회가 단 한 군데밖에 없다고 해도, 그것은 충분히 애통해할 만한 일입니다. 많은 교회에서 기도 모임은 그저 해골들의 모임처럼 시간은 정해져 있으나 모이는 사람은 거의 없습니다. 그런 모임은 아무런 능력도 유익도 없습니다.

형제 여러분, 여러분의 교회는 이렇게 되지 않게 하십시오! 성도들이 꾸준히 함께 모여 기도할 수 있도록 훈련하십시오. 쉬지 않고 기도하게 하십시오. 기도는 거룩한 습관입니다. 먼저 여러분이 성도들에게 기도하는 사람으로 인정받으십시오. 여러분이 기도하는 습관을 들이면, 자연히 성도들도 함께 기도하길 원하게 되며, 성도들이 여러분과 함께 주님의 일을 위해 기도하기 시작하면 그들도 기도하는 습관을 들이게 될 것입니다. 제 말을 믿으십시오. 기도하지 않는 교회는 죽은 교회입니다. 합심 기도 순서를 마지막에 두지 말고 가장 처음에 두십시오. 교회 안에서 일어나는 모든 일은 기도의 능력에 의해 결정됩니다.

교회는 하나님을 위해 바쁘게 일해야 합니다. 그저 함께 모여 설교를 듣고 식사를 나누는 일만 한다면 교회가 무슨 소용이 있겠습니까? 하나님을 위해 일하지 않는데 무슨 유익이 있겠습니까? 신앙을 고백한 사람이라 할지라도 자기 일을 위해서는 부지런하지만 주님의 일을 위해서는 게으르지 않습니까? 그리스도인들이 게으른 탓에 믿지 않는 사람들은 자기에게 왜 주 예수님이 필요한지 알지 못합니다. 우리는 그렇게 되지 않도록 노력해야 합니다.

한 여성이 가정주부에게 〈부인, 요즘 무엇을 하느라 바쁘게 지내시나요?〉라고 질문했습니다. 그러자 부인은 〈왜 그런 질문을 하세요? 저기 아이들이 얼마나 많은지 보이시죠? 우리 집에는 해야 할 일이 잔뜩 있답니다〉라고 대답했습니다. 그러자 그녀는 이렇게 말했습니다.

쿨론 부인의 가정에 해야 할 일이 잔뜩 있다는 것은 알고 있어요. 그런데 그 일이 하나도 되어 있지 않더군요. 그래서 요즘 무엇을 하느라 바쁜지 궁금한 거였어요.

교회가 성도와 이웃과 가난한 자와 타락한 자와 이교도 세계에 해야만 하는 일이 매우 많습니다. 그런 일을 열심히 하고 있다면 우리의 마음과 생각과 손과 혀는 너무 바빠서 다른 일에 한눈팔 시간이 없을 것입니다. 게으름의 영에게 지배당한 사람은 항상 놀려는 궁리만 합니다. 얼마나 우스운 일입니까! 어쨌든 사람들은 기도 모임에 참석하는 것보다 코미디 쇼를 보러 가기를 더 재밌어합니다. 저는 그것이 이해가 안 됩니다. 예수님을 향한 사랑에 사로잡힌 사람은 놀고 싶은 마음이 들지 않습니다. 그런 사람은 별로 중요하지 않은 일에 낭비할 시간이 없으며, 영혼을 구원하는 일과 진리를 바로 세우는 일과 주님의 나라를 확장하는 일에 완전히 몰두합니다.

저에게는 항상 하나님의 뜻을 이루기 위한 부르심이 끊이질 않습니다. 하나를 완료하면 다른 일이 생기며 해야 할 일이 너무 많아 정신이 없을 정도입니다. 그래서 저는 휴가 갈 시간조차 가지지 못했습니다. 옹켄 목사님이 살아 계실 당시에 독일의 교회는 모든 성도들에게 〈당신은 그리스도를 위해 무엇을 할 것입니까?〉라고 묻고 그것을 기록해 놓는 것이 규칙이었습니다. 모든 성도는 구세주를 위해 꾸준히 무언가를 해야만 합니다. 만일 주님을 위해 아무것도 하지 않는 사람이 있다면 그는 게으른 신앙 고백자로서 교회의 징계가 필요합니다. 아무 일도 하지 않는 수벌이 벌집에서 일벌들과 함께 있을 수 없는 것처럼 아무 일도 하지 않는 성도도 함께 교회에 있을 수 없습니다. 따라서 주님을 위해 일하기 싫다면 교회를 떠나야 합니다.

건강한 교회

열매 맺지 않는 무화과나무가 포도원에 있으면 방해만 될 뿐입니다! 현재 우리의 거룩한 전쟁은 소수의 열성적인 사람들에 의해 치러지고 있으며, 나머지는 병원에 있거나 비전투요원으로 남아 있습니다. 주님을 위해 헌신하는 소수에게는 감사하지만, 우리는 제단의 불이 제단 위에 놓인 모든 제물을 하나도 남김없이 삼키는 모습을 보고 싶습니다.

형제자매 여러분 저는 교회가 많은 성도, 곧 굳센 믿음과 열정적인 기도의 사람, 거룩한 삶과 자비로운 베풂의 사람, 성령으로 충만한 사람들을 키워내길 원합니다. 우리는 풍성한 열매로서 이런 성도를 많이 키워내야 합니다. 그렇지 않으면 우리는 참 포도나무의 가지라 할 수 없습니다. 모든 교회에 예수님 발 앞에 앉은 마리아, 예수님을 대접한 마르다, 베드로나 요한 같은 사람이 있으면 좋겠지만, 역시 교회라고 했을 때 가장 먼저 떠오르는 단어는 〈모든 성도〉이지 않을까요? 모든 믿는 자는 성도Saint이며, 또 성도가 되어야 합니다.

우리는 〈말일 성도 교회the church of latter-day saints〉(모르몬교의 정식 명칭_옮긴이)와 전혀 관련이 없지만 그들보다 더욱 성도라는 말을 사랑하며, 말일 뿐 아니라 언제나 성도가 되기를 원합니다. 하나님께서 도우셔서 교회의 모든 사람이 각각 그리스도 예수 안에서 온전히 성숙된다면, 우리는 지금보다 훨씬 놀라운 일들을 보게 될 것입니다. 믿는 자들이 영광스러운 성품을 지니게 될 때 교회는 영광스러운 시기를 맞이할 것입니다.

또, 교회는 진리를 잘 알며 하나님의 일에 관해 철저히 교육해야 합니다. 어떤 그리스도인은 교회에 나와 설교를 들으며 가르침을 받지만 다른 사람을 가르칠 정도로 충분한 지식을 쌓으려 하지는 않습니다! 형제자매 여러분, 이런 문제의 책임은 그들에게도 있지만 절반은 우리에게도 있습니다. 우리가 더 잘 가르쳤다면 그들도 더 잘 배우려 했을 것입니다. 교인 중에 얼마나 많은 사람이 신앙은 고백했지만 성경 지식은 부족한지 모릅니다. 그저 참된 진리와 치명적인 오류를 분별하는 정도의 지식만으로는 부족합니다. 옛날 성도들은 자신이 믿는 것을 뒷받침하는 성경 구절의 장과 절을 줄줄 꿰고 있을 정도였습니다. 하지만 요즘은 그런 사람을 좀처럼 찾아보기 힘듭니다!

우리가 존경하는 믿음의 선조들은 〈언약〉에 관해 토론하는 일에 익숙했습니다. 저는 〈은혜의 언약〉을 소중히 하며 그것을 신학의 밑바탕으로 삼는 사람들을 좋아합니다. 언약의 교리야말로 신학의 핵심입니다. 여호와를 두려워하는 자들은 신학에 관해 서로 자주 이야기를 나눕니다.(말 3:16) 그들은 영원한 삶과 다가올 미래에 관해 논의합니다. 이런 사람들은 자신이 믿는 교리에 대해 확실한 논점과 근거를 지니고 있기에 쉽게 믿음이 흔들리지 않습니다. 그들의 믿음은 확고하며 어떠한 거짓 교리의 바람에도 휩쓸리지 않기에 그들을 시험에 들게 하느니 차라리 우주의 기둥을 흔들려고 시도하는 편이 쉬울 것입니다. 그들은 자신이 무엇을 알고 있는지 잘 알며, 배운 것을 굳게 붙잡고 놓지 않습니다.

만일 우리 교회에 성령님께서 주시는 거듭남과 그것을 대체하려는 의식주의를 분별할 수 있는 굳건한 성도들이 많이 있지 않으면, 지금처럼 우리에게 쏟아지는 로마 가톨릭의 공세로 인해 이 나라가 어떻게 변하겠습니까? 우리 마음에 새겨진 복음의 진리가 없다면, 지금처럼 사람들이 의심의 손가락으로 진리를 하나씩 지적하는 회의주의 시대에 우리 교회가 어떻게 변하겠습니까? 영혼을 파괴하려는 의심의 공격이 소나기처럼 퍼붓는 이 시기에 그것에 완고히 저항하는 성도들이 교회에 얼마나 소중한지 모릅니다!

그러나 이 모든 것을 갖추어도 우리가 생각하는 이상적인 교회의 모습에는 아직 못 미칩니다. 우리는 교회가 하나님을 위해 세계 방방곡곡에서 사람들을 불러모으는 선교의 사역을 감당하길 원합니다. 교회는 영혼을 구원하기 위한 조직이며, 그 일을 하지 않는 교회는 아무 의미도 없습니다. 만일 소금이 부패를 방지하는 역할을 하지 못한다면 도대체 무슨 소용이 있겠습니까? 그런데 그리스도인 중에는 주변 사람들이 너무 타락하고 부도덕해서 그들에게 복음을 전하는 일 자체를 그만둔 사람도 있습니다. 지금은 돌아가신 어떤 목사님은 매우 존경스러운 분이셨지만 한번은 굉장히 충격적인 말씀을 하셨습니다. 저는 그분의 교회 주위에 질 나쁜 사람들이 많은 것을 보고 〈그들을 어떻게 해볼 도리가 없으십니까?〉라고 여쭈었습니다.

그러자 그분은 〈없다오. 그저 그들과 상관없이 지내는 것이 최선이라오. 그들 중 일부가 회심이라도 하게 된다면 우리에게 굉장히 부담스러운 짐이 될 것이오〉라고 대답했습니다. 그 목사님은 매우 조심스럽고 신중하신 분이셨는데, 저는 너무 놀라서 조금 더 자세히 말씀해달라고 했습니다. 그러자 이렇게 대답하셨습니다.

> 그들은 대부분 도둑이나 창녀인데, 만일 그들이 회심하면 자신
> 의 생계수단을 잃어버리게 도니 우리가 부양해야만 하오. 그런
> 데 우리도 가난하기 때문에 그들을 도울 수가 없소.

그분은 독실한 사람이었고 그와 대화를 나누면 많은 유익을 얻을 수 있었습니다. 하지만 그러다 보니 그는 조금씩 현실적인 시각으로 세상을 보게 되었습니다. 그분의 교인들은 교회 재정을 감당하는 일에 어려움을 겪고 있었고, 가난의 차가운 손길이 연민의 불꽃을 꺼뜨리고 동정의 강물을 얼어붙게 하였습니다. 상식적으로 그분의 심정은 충분히 이해되지만, 안타깝게도 그것은 분명 성경적인 행동은 아닙니다. 우리는 이런 찬양만 영원토록 노래하는 예배자가 되어서는 안 됩니다.

> 우리는 뜨으로 둘러싸인 정원,
> 선택받은 특별한 땅,
> 세상의 광야에서 벗어난
> 은혜로 둘러싸인 작은 장소이다.

이 곡은 가끔 부르기에는 괜찮지만 〈우리는 소수로 남기 원한다〉는 의미가 되어서는 안 됩니다.

형제자매 여러분, 결코 그래서는 안 됩니다! 우리는 왕의 군대로서 외국에 주둔하며 경비 임무를 맡은 병사입니다. 하지만 우리의 목표는 그저 요새를 지키는 일만으로 끝나는 것이 아니라 새로운 땅을 주님의 영토로 통합하는 것입니다. 우리는 가나안 민족에게 쫓겨나는 것이 아니라 오히려 그들을 쫓아내야 합니다. 이 땅은 우리에게 속한 것이며 여호와께서 우리에게 주신 것이기에 우리는 그곳을 점령할 것입니다. 우리 모두 탐험가와 정복자의 영으로 불타올라 위기에 빠진 사람들을 구출하고 미전도 지역을 복음화하기 위해 멈추지 말아야 합니다!

우리의 미션

우리는 폭풍우가 몰아치는 바다에서 구조선을 타고 물에 빠져 죽어가는 사람들을 구조하기 위해 멀리 떨어진 파선된 배를 향해 노를 젓는 사람입니다. 비록 우리가 파선된 배를 해안가로 끌어올 수는 없더라도, 하나님의 능력을 힘입어 죽어가는 사람을 구해 구원의 해안가로 끌어올 수는 있습니다.

우리의 임무는 예수님이 하셨던 것처럼 하나님께서 택하신 자들을 모아 그들이 하나님의 영광을 위해 살도록 하는 것입니다. 구원받은 자는 모두 하나님께 속하여 다른 사람을 구원하는 일을 해야 합니다. 그리고 교회는 바로 이러한 일을 하는 곳이어야 합니다. 하나님께 선택받은 교회는 구원하는 일을 하라고 구원받은 것이며, 씻기는 일을 하라고 씻김 받았으며, 축복하는 일을 하라고 축복받은 것입니다. 온 세계는 밭이며, 교회의 모든 교인은 위대한 농부를 위해 그곳에서 일하는 일꾼입니다. 황무지와 숲을 갈아엎어 풀이 자라지 않던 땅에 장미가 피어나도록 해야 합니다. 우리는 가진 것으로 만족해서는 안 되며 어둠의 군주에게 속한 땅을 침략해야 합니다.

형제자매 여러분, 우리와 교회의 관계는 무엇입니까? 우리는 교회에서 무슨 신분입니까? 우리는 종입니다. 이 사실을 항상 잊지 마시기 바랍니다! 교회에서는 스스로 낮아지는 자가 가장 높은 자입니다. 반대로 동료들보다 높아지려는 자는 가장 낮은 자로 추락할 것입니다. 어떤 사람은 만약 스스로 대단하다고 여기지만 않았다면 정말로 대단한 사람이었을 것입니다. 자신이 크다고 여기는 사람은 실제로는 아주 작은 자입니다. 하나님의 유산을 욕심내는 귀족은 그저 아무런 권한이 없는 하층민에 불과합니다. 가장 낮은 자를 아무런 사심 없이 온 마음과 영혼을 다해 섬기며 그리스도를 위해 기꺼이 자신의 명성을 희생할 준비가 되어 있는 사람이 곧 하나님께서 주신 사명을 완수

할 자입니다. 우리는 돌봄을 받으려고 보내진 것이 아니라 사람들을 돌보라고 보내진 것입니다. 사랑하는 우리 주님께 이런 찬송을 올려드립시다.

> 주님의 양떼 중에는
> 제가 무시해도 될 양이 없습니다.
> 주님의 기쁘신 뜻을 위해서라면
> 제가 두려워할 적이 없습니다.

리더의 역할

우리는 또한 양들이 보고 배울 모범이 되어야 합니다. 사람들이 안심하고 본받지 못할 사람이라면 강단에 서서는 안 됩니다. 항상 잘난 척을 늘어놓는 목사가 있습니까? 비열하고 탐욕스러운 목사가 있습니까? 대화 내용이 순결하지 못한 목사가 있습니까? 아침 11시까지 늦잠 자는 목사가 있습니까? 부디 이런 소문이 전부 거짓이길 바랍니다. 게으른 목사가 무슨 사역을 감당하겠습니까? 목사가 자기에게 맡겨진 직책은 소홀하면서 자신은 천국에 갈 거라고 기대합니까?

만약 하나님께서 그를 천국에 데려가실 생각이라면 아마도 그리 머지않은 시간에 그렇게 하실 것입니다. 게으른 목사는 사람들이 조롱하고 하나님께서 혐오하시는 존재입니다. 저는 어느 농부에게 〈당신들은 담임 목사에게 사례비로 일 년에 50파운드밖에 주지 않는군요. 그것으로는 먹고살기 힘들지 않겠습니까?〉라고 물었습니다. 그러자 그는 〈목사님! 솔직히 말하면, 저희는 지금 그분이 일하시는 것보다 훨씬 많이 드리고 있습니다〉라고 대답했습니다.

그런 말이 나올 정도라니 참으로 안타까운 일입니다. 이것은 거룩한 소명을 따르는 모든 사역자에게 상처가 되는 것입니다. 우리는 모든 면에서 양떼들에게 모범이 되어야 합니다. 모든 면에서 누구보다 부지런하고, 온유하고, 겸손하고 거룩해야 합니다. 시저가 전쟁에 나섰을 때 그의 군사들이 고난을 견딜 수 있었던 이유는 자신이 겪는 모든 고난을 시저도 함께 겪고 있다는 사실이었습니다. 그들이 행군할 때 시저도 행군하였고, 그들이 목 마를 때 시저도 목이 말랐으며, 그들이 전장의 열기 속에서 싸울 때 시저도 함께 싸웠습니다.

우리도 그리스도의 군대를 지휘하는 장교로서 다른 사람들보다 더욱 열심히 일해야 합니다. 〈돌격하라!〉라고 명령하는 것이 아니라 〈나를 따르라!〉라고 명령해야 합니다. 우리가 이끄는 성도들은 우리가 교회에서 누구보다 자기를 부인하며 가장 부지런하고 신실하기를 기대할 것입니다.

우리가 거룩하게 구별된 모범이 되지 않으면 거룩한 교회는 이루어질 수 없습니다. 우리 중 누구라도 사람들 앞에 거룩하게 구별된 모습을 보인다면 하나님께서 복에 복을 더하여 주실 것입니다. 하지만 우리가 거룩하게 구별된 모습을 보이지 않았다면 지금까지 성공하지 못한 원인을 멀리서 찾을 필요는 없을 것입니다.

여러분에게 말씀드리고 싶은 내용은 많지만 시간이 너무 지체되었고 여러분도 지친 것 같기에 더 길게 이야기하지는 않겠습니다. 하지만 제가 오늘 다룰 세 가지 주제 중에 가장 중요한 부분이 남아있기 때문에 마지막까지 힘을 내서 집중해주기를 바랍니다. 성령님께서 도우셔서 그분의 이름과 위격이 높임을 받기를 기도합니다.

성령님, 이 시간 우리에게 임하여 주소서!

우리의 힘

말씀만을 선포하고, 이상적인 교회를 세우는 일 다음으로 우리가 생각해야 할 부분은 우리의 힘에 관한 것입니다. 우리의 힘은 하나님의 영으로부터 나와야 합니다. 우리는 성령님을 믿으며 전적으로 그분께 의존해야 한다는 것을 믿습니다. 그런데 성령님을 얼마나 실제적으로 믿고 있습니까? 형제자매 여러분, 성령님을 여러분 삶을 통해 실제로 믿습니까? 그저 교리상 진리라고 하기 때문에 습관적으로 믿고 있지는 않습니까?

우리는 매사에 성령님께 의존해야 합니다. 여러분은 그렇게 하고 있습니까? 성경의 뜻을 헤아릴 때 성령님의 인도를 받는 습관을 들이셨습니까? 천상의 지식이 숨겨진 땅으로 탐험을 나선 사람은 반드시 성령님의 힘에 의지해 항로를 설정해야 합니다. 그렇지 않으면 결국 진리의 섬에 도달하지 못하고 망상의 섬에 이르게 될 것입니다.

형제자매 여러분, 여러분이 아치볼드 알렉산더 핫지의 〈신학개론Outlines of Theology〉이나 앤드류 풀러의 〈모두가 받아들여야 하는 복음The Gospel Worthy of All Acceptation〉이나 존 오웬의 〈성령에 관해On the Spirit〉와 같은 믿음의 신앙고전을 읽는다고 진리를 깨닫는 것이 아닙니다. 그저 웨스트민스터 신앙고백문에 동의하고 그것을 완벽하게 공부한다고 진리를 깨닫는 것도 아닙니다. 성령님께서 우리의 귀가 아니라 마음을 통해 가르쳐주시지 않으면 우리는 진리를 깨달을 수 없습니다.

성령님께서 임하시지 않으면 우리는 예수님의 목소리도 들을 수 없습니다. 요한 사도는 〈내가 주님의 날에 성령의 감동을 받고 내 뒤에서 나팔소리 같은 큰 음성을 들었다〉(계 1:10)라고 했습니다. 성령님께서 임하시지 않았다면 요한 사도는 예수님의 목소리를 듣지 못했을 것입니다. 우리가 성령님 안에 거하지 않은 탓에 놓친 천상의 말들이 얼마나 많겠습니까!

또, 성령님께서 우리의 연약함을 도우시지 않는다면 우리가 드리는 어떠한 간구도 응답받을 수 없습니다. 진정으로 기도하는 사람은 〈성령 안에서〉 기도하기 때문입니다. 성령님은 기도하는 사람을 감싸 그의 기도에 생명력을 불어넣어 줍니다. 성령 안에서 드리지 않는 기도는 그저 죽은 형식주의에 불과합니다. 우리는 공부하거나 기도하거나 생각하거나 말하거나 행동할 때 늘상 성령님께 의존해야만 합니다.

성령님의 능력

여러분은 강단에 설 때 진정으로 성령님의 도움에 의지합니까? 저는 각자의 설교 방식을 가지고 문제 삼지는 않습니다만, 어떤 형제가 취한 행동을 보고 매우 이상하다고 생각했습니다. 그는 설교하기 전에 성령님께 도움을 청했습니다. 그러고는 뒷주머니에서 원고를 꺼내 성경 사이에 놓고 남들이 모르게 그것을 읽었습니다.

그런 모습은 마치 자기의 원고를 부끄러워하는 듯이 보였습니다. 하지만 제 생각에는 원고가 아니라 그것을 몰래 읽는 행위를 부끄러워해야 할 것 같습니다. 그런 식으로 속임수를 쓰면서 하나님의 영께서 축복해주시길 기대할 수 있을까요? 게다가 강단에서 그저 원고만 읽는다면 성령님께서 어떻게 그를 도우실 수 있겠습니까? 원고를 읽는 것은 성령님의 도움 없이도 누구나 할 수 있는 일이지 않습니까? 그것이 성령님과 무슨 상관이 있습니까? 물론 원고를 작성할 때는 성령님의 도움을 받았을 수도 있지만 강단에서 원고를 그대로 읽을 때는 그러지 못할 것입니다.

그럴 때 할 수 있는 일은 솔직하게 주님께서 준비해주신 원고에 감사하며 성령님께 원고의 내용이 청중의 마음속에 들어가게 해달라고 구하는 것입니다. 그래도 여전히 문제가 있는데, 만일 성령님께서 원고에 없는 내용을 사람들에게 전하도록 감동을 주실 때는 어떻게 합니까? 제 생각에는 그런 설교 방식이 말씀의 생동감을 가로막는 장애물 같습니다. 물론 그것은 제가 판단할 일은 아닙니다. 하지만 저는 여러분이 설교할 때 주님께서 언제든 우리에게 말씀을 주실 수 있도록 여지를 남겨두기를 추천합니다.

더욱이 우리는 사역의 결과에 대해서도 온전히 하나님의 영께 맡겨야 합니다. 우리 중 누구도 자기 힘으로 한 영혼이라도 거듭나게 할 수 있다고 생각하는 사람은 없습니다. 우리는 돌처럼 근은 마을을 변화시킬 능력을 지니고 있다고 주장할 만큼 어리석지 않습니다. 그럼에도 우리는 경험을 통해 우리가 영적으로 어려움을 겪는 사람들에게 도움을 줄 수 있다는 사실을 압니다. 어떻게 그럴 수 있을까요?

혹시 여러분은 자기 열정만으로 교회에 생동감을 불어넣고 죽은 세상을 생명으로 인도해낼 것이라고 기대합니까? 과연 그럴 수 있을까요? 혹은 우리가 다시 부흥을 일으키기만 하면 많은 사람을 쉽게 교회로 데려올 수 있다고 생각합니까? 그런데 우리가 일으킨 부흥이 의미가 있을까요? 지금까지 그렇게 일으킨 부흥은 모두 사그라지지 않았나요?

드럼과 나팔과 크게 소리지르는 것이 중요하다고 생각하는 사람들도 있을지 모릅니다. 하지만 여호와는 바람 속에 계시지 않습니다. (열왕 19:11) 진정으로 의미 있는 사역의 결과는 잠잠하지만 전능하신 하나님의 영으로부터 나옵니다. 성령님 안에서, 그리고 오직 성령님을 통해서만 우리는 주일학교 학생 단 한 명이라도 회심시킬 수 있으며, 진정한 부흥을 일으킬 수도 있습니다. 우리의 성도들을 지키고 그들을 거룩한 성전으로 세워나가려면 우리는 반드시 성령님을 바라봐야만 합니다. 성령님께서도 우리 주님이 그러셨던 것처럼 〈나 없이는 너희가 아무 것도 할 수 없다〉(요 15:5)라고 말씀하실 것입니다.

성령님께서 함께 하시지 않는 하나님의 교회가 무슨 의미가 있을까요? 이슬 없는 헐몬(시 133:3)과 나일 강 없는 이집트는 어떻습니까? 엘리야가 저주를 내린 가나안 땅을 생각해보십시오. 무려 삼 년 동안 비와 이슬이 한 방울도 내리지 않았습니다.

성령님이 없는 기독교의 모습이 바로 그러합니다. 물이 흐르지 않는 계곡, 성벽이 없는 성, 태양이 비추지 않는 옥수수밭, 여름이 없는 포도원, 이런 것이 바로 성령님이 없는 교회의 모습입니다. 빛이 없는 낮, 호흡이 없는 생명, 하나님이 없는 천국, 이런 것이 성령님이 없는 기독교 예배의 모습입니다.

성령님이 없으면 교회는 어떠한 공급도 받지 못하고 황폐해집니다. 마치 목초지가 사막이 되고, 과수원이 광야로, 샤론의 비옥한 땅이 황무지로, 카르멜 산맥의 아름다운 산림이 잿더미로 변해버리는 것 같습니다.

성령님, 지금까지 성령님을 무시하고 교만에 사로잡혀 성령님의 인도하심에 저항하며 성령의 불을 소멸시켰던 저희의 잘못을 용서해주소서! 이제부터는 성령님의 뜻에 따라 우리에게 역사해주소서. 우리 마음을 부드럽게 변화시켜 주시고 우리에게 독생자의 형상을 덧입혀 주소서.

이러한 기도와 고백을 바탕으로 성령님의 능력에 대한 주제를 계속해서 다뤄보겠습니다.

성령님께서 하시는 일

성령님께서 하시는 일은 무엇일까요? 선한 일 중에 성령님께서 관여하시지 않는 일이 존재할까요? 성령님은 우리의 마음을 감동시키고, 죄를 고백하게 하며, 조명하시고, 정결케 하시고, 인도하시고, 보호하시고, 위로하시고, 확신을 주시고, 완전케 하시며, 우리를 사용하십니다. 이것들을 하나씩 주제로 다루기만 해도 이야기할 것이 너무도 많습니다.

성령님은 우리 안에서 일하시며 우리가 뜻을 정하고 행동하게 하시는 분입니다. 우리처럼 형편없고 불완전한 존재에게 행하신 놀라운 일들로 인해 성령님께 영광을 돌리십시오! 우리는 포도나무이신 예수님께 생명의 수액을 받지 못하면 아무것도 할 수 없는 존재이며, 우리가 지닌 능력은 그저 우리를 부끄럽게 할 뿐입니다. 성령님의 인도하심이 없으면 우리는 천국을 향해 단 한 발자국도 나아갈 수 없습니다. 또, 성령님의 도우심이 없으면 우리는 다른 사람을 천국으로 인도할 수도 없습니다. 성령님에게서 벗어나 있으면 우리는 하나님께 용인될 만한 말과 생각과 행동을 할 수 없습니다. 심지어 소망을 품고 하늘을 우러러보거나 마음속에서 갑작스럽게 기도가 샘솟는 것도 성령님께서 하시는 일입니다. 모든 선한 것은 처음부터 마지막까지 성령님을 통해 비롯됩니다. 이것은 전혀 과장된 말이 아닙니다. 그런데 우리는 실생활에서도 이런 확신을 품고 살아갑니까?

성령님께서 하시는 일에 대해 더 자세히 설명하는 것보다 여러분이 직접 체험한 성령님에 관해 이야기하는 편이 나을 것 같습니다. 성령님께서 여러분 교회에 충만히 임재하셨던 순간을 기억하십니까? 얼마나 놀라운 순간이었습니까! 그날의 예배는 모두가 영적으로 충만하여 마치 〈진실로 하나님께서 이곳에 계셨다〉라고 고백했던 야곱의 예배 같았을 것입니다.

성령 충만한 설교자와 성령 충만한 청중 사이에는 굳이 말로 표현하지 않아도 많은 소통이 이루어집니다! 설교자가 말로 청중에게 이야기하는 만큼 청중은 눈으로 설교자에게 이야기합니다. 그들은 평소와 완전히 다른 모습이 됩니다. 우리가 주 예수님을 높일 때 그들의 얼굴에는 광채가 나며, 우리가 증거하는 모든 것을 그들은 즐겁게 받아들입니다.

우리가 가르치는 동기

현대 신학교의 교사가 즐거운 모습으로 가르치는 광경을 본 적이 있습니까? 우리 복음주의 설교자들은 자유주의 신학자들이 〈진부한 이야기〉로 치부하는 내용을 전하면서도 매우 행복해합니다. 하지만 자신이 지혜롭다고 생각하는 현대 신학자들은 그런 기쁨을 전혀 못 느끼는 것 같습니다.

여러분은 웨일스 사람 같은 넘치는 열정과 동기 부여로 가득한 비관론자를 상상할 수 있습니까? 냉소주의자가 유대인의 바빌로니아 유수 이후에 대한 이론을 장황하고 음산하게 설명하는 모습을 생각해보십시오! 그들은 〈맷돌을 가는 사람은 그 일에 아무런 즐거움을 느끼지 못한다〉라는 존 러스킨의 말이 떠오르게 합니다. 그저 산더미처럼 쌓인 업무를 억지로 하는 것 같습니다. 그들은 마치 텅 빈 구유 앞에 서서 입맛만 다시는 말과 같습니다. 주일에는 생기가 전혀 없는 모습으로 겨우 설교를 마치고, 월요일이 되면 생기를 되찾아 축구 경기나 뮤지컬을 관람하거나 정치 모임에 참여합니다.

그들에게 설교는 하기 싫은 노역과 같습니다. 하지만 지금은 구세대라 불리는 연로하신 설교자들은 마치 강단이 왕좌나 개선 마차라도 되는 것처럼 열정적으로 설교하며, 성령님께서 권능으로 임하셨을 때는 거의 천국에 있는 듯한 모습을 보입니다. 〈낡은〉 복음을 전하는 우리가 어리석게 보일지 몰라도, 우리는 그 일을 즐거워합니다. 우리가 전하는 교리는 비록 어둡고 딱딱하지만 우리를 행복하게 해줍니다. 이상하지 않습니까? 복음은 어리석고 별로 철학적이지 않은 것 같아도 우리의 믿음을 살찌우는 기름진 음식이며 우리를 만족스럽게 하고 자신감과 행복을 줍니다.

하나님의 값없이 베푸신 은혜와 예수님의 죽기까지 사랑하신 사랑을 자세히 설명할 때 청중의 눈빛은 반짝이고 영혼은 빛이 납니다. 하나님께서 임재하실 때 우리와 우리의 설교를 듣는 청중은 천상의 기쁨에 휩싸입니다. 그것만이 아닙니다. 하나님의 영이 임하시면 모든 성도는 서로 사랑하며, 가장 사랑하는 주님만을 위한 싸움을 제외하고 그들 가운데 다툼이 일어나지 않습니다. 기도는 승리를 거두며 목회자는 좋은 씨를 뿌리고 많은 열매를 맺습니다. 많은 사람이 회심하며 상처받은 사람이 회복하고 곳곳에 은혜가 넘칩니다. 할렐루야! 하나님의 영이 함께 하시면 모든 것이 형통합니다.

우리의 메시지에 담긴 생명

그런데 이와 반대되는 경우를 아십니까? 여러분은 그러지 않기를 바랍니다. 그것은 생명 가운데 죽음이 깃든 것과 같습니다. 책에서 쥐를 가지고 잔혹한 실험을 한 이야기를 읽은 적이 있습니다. 불쌍한 쥐를 공기 펌프에 넣고 진공 상태가 될 때까지 조금씩 공기를 빼내는 것입니다. 공기가 옅어질수록 쥐는 극심한 고통에 휩싸였으며, 공기가 모두 없어지자 죽음에 이르렀습니다. 여러분은 영적인 진공 상태에 빠져본 적이 있습니까? 그런 상황에 놓였다고 생각되면 가능한 빨리 그 상황에서 벗어나는 것이 좋습니다. 일전에 누군가 저에게 이런 말을 했습니다.

> 제가 어떤 현대 신학자의 설교를 들어봤는데 딱히 거짓 교리를 가르치지도 않았으며 크게 해로운 내용은 없었습니다. 그런데 전반적으로 굉장히 차가웠습니다. 저는 마치 빙하의 틈새에 떨어진 사람처럼 얼어붙었고 천상의 공기를 마실 수 없는 것처럼 숨이 막혔습니다.

때로는 건전한 교리를 전하는 사람에게서도 북극의 추위처럼 차가운 느낌을 받을 수 있습니다. 하나님의 영이 떠났을 때는 이처럼 진리도 빙산처럼 차갑게 변합니다. 차갑고 생기 없는 신앙은 아무런 가치가 없습니다! 성령님께서 떠나시면 모든 열정과 에너지도 함께 사라집니다. 마치 새뮤얼 테일러 콜리지가 〈늙은 선원의 노래〉란 시에서 바다 한가운데 고립된 배를 묘사한 장면과 같습니다.

> 깊은 바다는 썩었다.
> 오 세상에, 이런 일이!
> 다리가 난 끈적한 것들이
> 끈적한 바다 위를 기어다녔다.
> 배 안에는 죽음뿐이었다.

이런 광경을 교회에서도 볼 수 있습니다. 콜리지의 시를 조금 더 인용해 〈죽은 자의 모임〉이라 불려도 손색이 없을 만한 교회의 모습을 살펴보겠습니다. 그의 시에는 죽은 조타수의 시신이 배를 몰아가며 죽은 선원들이 형식적으로 자기 업무를 수행하는 모습이 묘사되어 있습니다.

> 조타수가 키를 잡았고, 배는 움직였다.
> 하지만 바람은 전혀 불지 않았다.
> 선원들은 모두 밧줄을 조종하기 시작했다.
> 그들이 늘 일하던 곳에서.

그들은 생명 없는 도구처럼 사지를 들어올렸다.
우리는 소름 끼치는 선원이었다.

그리고 살아남은 선원들은 모두 얼이 빠진 상태였습니다.

조카의 육신은
내 옆에 무릎을 나란히 하고 서 있었다.
그 육신과 나는 함께 밧줄을 당겼지만,
그는 내게 한마디도 하지 않았다.

이것은 마치 요즘 교회에서 성도들 간에 서로 잘 알지 못하며 거룩한 교제 대신 점잖은 척하며 각자 따로 신앙생활을 하는 모습과 흡사합니다. 만일 설교자가 그 모임에서 유일하게 살아 있는 사람이라면 교회 생활이 매우 외롭게 느껴질 것입니다. 아무리 설교를 해도 사람들은 그것을 제대로 귀담아듣지 않을 것입니다.

밤이었다. 달이 높이 뜬 고요한 밤.
죽은 자들이 함께 서 있었다.
모두 함께 갑판 위에 서 있었다.
마치 납골당에 있는 듯하다.

> 달빛에 반짝이는 그들의 돌 같은 눈이
> 모두 내게 고정되었다.

이처럼 설교자의 달빛이 차갑고 칙칙하게 청중의 얼굴에 내리쬡니다. 콜리지의 시에 나온 것처럼 그 설교는 청중의 감정 없는 머릿속에 인상을 심어주어 그들의 돌 같은 눈길을 끌 수도 있습니다. 하지만 그들의 마음은 그런 방식으로는 전혀 움직일 수 없습니다. 마음은 생명의 영역인데 성령님의 도우심이 없다면 어떻게 진정한 생명을 알 수 있겠습니까? 성령님이 떠나신 교회는 죽음이 지배하게 되며 무덤으로 변모합니다. 그러므로 우리는 성령님께서 우리와 함께 거하시기를 간구해야 하며, 성령님이 함께하시지 않으면 우리는 결코 안식을 누릴 수 없습니다. 여러분, 지금 제가 말씀드린 내용을 흘려듣지 마시기 바랍니다. 우리 각자가 마음과 영혼을 다해 성령님의 능력이 우리와 함께 있기를 간절히 구하십시오. 여러분은 성령님을 받았습니까? 성령님께서 지금 여러분과 함께 계십니까? 앞으로도 성령님께서 여러분과 함께하실 것이라고 확신합니까? 성령님께서 계속 우리와 함께 계시도록 하려면 어떻게 해야 할까요?

성령님의 임재

우선 우리는 성령님께서 마땅히 받으셔야 할 대우를 해드려야 합니다. 성령님을 주 하나님으로서 경배하십시오. 절대로 성령님을 〈그것〉으로 부르거나 교리적인 개념, 영향력, 신화 등으로 추급하지 마십시오. 존경하고 사랑하고 신뢰하며 친근감 있게 대하십시오. 성령님은 하나님이십니다. 성령님을 여러분의 하나님으로 섬기십시오.

성령님께서 일하시는 것에 여러분의 행동을 맞추도록 하십시오. 동쪽으로 항해하는 선원은 자기 의지로 순풍을 만들어 낼 수는 없습니다. 하지만 그는 무역풍이 언제 불며 그 시기를 이용해 배를 순탄하게 항해할 수 있다는 사실을 압니다. 이처럼 성령님께서 여러분에게 천상의 바람을 불어주시는 시기에 맞춰 바다로 나가십시오. 거룩한 조류가 몰려올 때 그것을 타고 항해하십시오. 하나님의 영께서 축복을 부어주신다고 느낄 때 더 많은 모임을 가지십시오. 주님께서 사람들의 귀와 마음을 열어주신다고 느낄 때 더욱 열심히 진리를 밀어붙이십시오.

마치 이슬이 맺히듯 성령의 기름이 부어질 때 여러분은 하나님의 은혜가 임했다는 사실을 깨달을 것입니다. 농부들은 〈해가

중천에 빛날 때 건초를 말려라〉라고 말합니다. 여러분의 힘으로는 해를 빛나게 할 수 없습니다. 그것은 여러분의 능력을 벗어난 것입니다. 하지만 해가 환하게 빛날 때 그것을 이용할 수는 있습니다. 성경은 〈뽕나무 숲 위로 지나가는 소리가 들릴 때 너는 움직여라〉(삼하 5:24)라고 합니다. 때를 얻든지 못 얻든지 열심히 일하십시오. 하지만 때가 이르렀을 때는 두 배로 일하십시오. 모든 선한 일을 할 때 시작부터 끝까지 전적으로 성령님께 의존하십시오. 여러분에게 성령님이 필요하다는 사실을 깨닫게 해주시는 것도 성령님이시며, 성령님이 임하시도록 기도할 마음을 주시는 것도 성령님이십니다. 여러분이 하는 사역은 인간의 능력을 훨씬 벗어난 영적인 일입니다. 따라서 성령님을 잊는다는 것은 곧 패배를 의미합니다. 성령님을 여러분 사역의 가장 핵심으로 여기며, 〈주께서 저희와 함께하시지 않으면, 저희가 이 자리에서 움직이지 않겠습니다〉(출 33:15)라는 각오를 다지십시오.

오직 성령님 안에서 안식하며 모든 영광을 그분께 돌리십시오. 특히 이 점에 유의하십시오. 성령님은 자신의 영광을 다른 사람에게 돌리지 않으십니다. 마음 깊숙한 곳에서부터 하나님의 영을 찬미하며, 그분께서 친히 낮은 곳으로 내려와 여러분을 통해 일하신다는 사실을 경외하십시오. 그리스도께 영광을 돌려 성령님을 기쁘게 하십시오. 성령님께서 주시는 감동에 여러분을 굴복시켜 그분께 존경을 표하며, 성령님을 근심하게 하는 모든 것을 피하십시오. 여러분 자신을 온전히 드리는 것이야말로 성령님께 드리는 가장 훌륭한 찬미입니다.

거룩함의 소명

여러분에게 몇 가지 더 말씀드리고 연설을 마치려 합니다. 성령님께서 일하실 때는 그분만의 방식이 있으며, 또한 성령님께서 절대 취하지 않는 방식도 있다는 사실을 기억하십시오. 성령님은 결코 타협하는 사람에게 축복을 약속하지 않으십니다. 우리가 죄나 오류와 타협하면 스스로 위험을 자초하는 것입니다. 만일 우리가 확실히 알지 않은 일을 행하거나, 진리와 거룩함의 기준을 함부로 변경하거나, 세상과 벗이 되거나, 인간의 본성과 타협하거나, 건성으로 설교하거나, 잘못된 믿음을 지닌 사람과 협력하면, 성령님께서 우리와 함께하신다는 보장을 할 수 없습니다. 하나님의 약속은 전혀 다른 방식으로 이루어집니다.

그러므로 너희는 그들에게서 나와 구별되어라. 주가 말씀하신다. 부정한 것을 만지지 마라. 그러면 내가 너희를 받아들여 너희의 아버지가 되고, 너희는 내 아들과 딸이 될 것이다. 전능하신 주의 말씀이다. (고후 6:17~18)

이 구절은 계시록을 제외하고 신약에서 유일하게 〈전능하신 주〉란 호칭으로 하나님을 표현한 부분입니다. 하나님께서 전능하신 주로서 행하시는 위대한 일을 알고 싶다면, 진리를 저버린 세상에서 나와 구별되어야 합니다. 〈전능하신 주〉라는 호칭은 명백히 구약에서 인용된 것입니다. 주님은 엘 샤다이, 곧 전능하고 충만하신 하나님이십니다. 우리의 모든 필요를 채워주시는 하나님의 놀라운 능력을 알기 위해서는 반드시 주님의 뜻에 합당하지 않은 모든 것을 완전히 끊어버리지 않으면 안 됩니다.

악의 모양을 피하기

아브라함이 소돔 왕의 빼앗긴 재산을 되찾아 주면서 어떻게 말했나요? 〈저는 당신에게 바빌론에서 만든 좋은 의복과 은 이백 세겔과 금 오십 세겔을 받지 않겠습니다〉라는 식으로 말했습니까? 그렇지 않습니다. 아브라함은 이렇게 말했습니다.

제가 지극히 높으신 하나님이시며 하늘과 땅의 주인이신 여호와께 손을 들어 맹세하나니, 혹시 당신이 〈내가 아브라함을 부자로 만들었다〉라고 말하지 않도록 당신에게 속한 것은 실오라기나 신발끈 하나라도 받지 않을 것입니다.〉(창 14:22-23)

이것이 악한 것에는 눈길조차 주지 않고 〈완전히 선을 긋는 행위〉입니다. 하나님의 사람은 소돔처럼 악하고 거짓된 것과 엮이면 안 됩니다. 여러분도 악한 것을 보면 무엇이든 끊어버리십시오. 진리와 상관없는 것은 여러분도 상관하지 마십시오. 그래야만 비로소 여러분은 하나님의 약속을 받아들일 준비가 된 것입니다.

사랑하는 동료 여러분, 사랑이 클수록 질투도 크다는 사실을 기억하십시오. 〈사랑은 죽음처럼 강렬하며, 질투는 스올처럼 잔혹합니다.〉(아 8:6) 〈하나님은 사랑이시며〉(요일 4:8), 바로 그 이유 때문에 〈너희 가운데 계신 여호와 너희 하나님은 질투하시는 하나님〉(신 6:15)이십니다. 여러분을 부정하게 만드는 모든 것을 멀리하십시오. 그렇지 않으면 성령님께서 근심하실 것입니다. 그리고 우리 안에 계신 성령님께서 근심하시면 우리는 곧 원수들 앞에서 수치를 당할 것입니다.

담대한 믿음의 전사

또한, 성령님은 겁쟁이에게 축복을 약속하지 않으십니다. 만일 사람을 두려워해서 고통이나 조롱을 피하려 한다면, 여러분은 하나님의 약속 안에서 위로를 받지 못할 것입니다. 누구든지 자기 목숨을 구하려 하는 자는 잃을 것입니다. (마 16:25) 우리가 믿음으로 강건하고 담대할 때 성령님은 전쟁 중에 있는 우리에게 용기를 주십니다.

저는 여러분이 조롱과 비방을 아무렇지 않게 웃어넘길 수 있게 되기를 바랍니다. 우리도 존 폭스John Foxe가 쓴 순교에 관한 책에 등장하는 이탈리아 순교자처럼 되어야 합니다. 산 채로 화형에 처하라는 재판 결과가 나왔을 때도 그 순교자는 잠잠히 듣고 있었습니다. 그런데 화형이라는 것이 비용이 상당히 많이 드는 일이라 그 마을의 시장은 땔감의 값을 지불하지 않겠다고 했습니다. 그를 고소한 사제들 역시 자기 사비로 땔감을 구입하기는 싫었습니다.

그래서 그들은 서로 으르렁대며 싸웠고, 그 자리에 서 있던 순교자는 그들이 싸우는 소리를 가만히 듣고 있었습니다. 그들의 논쟁이 좀처럼 그치질 않자 그는 이렇게 제안했습니다.

선생님들, 제가 여러분의 논쟁을 마무리지어 드리겠습니다. 여러분이 저를 불태우기 위해 그토록 비싼 비용을 지불해야 하다니 참으로 안타깝습니다. 괜찮으시다면 제가 주님을 위해 저를 불태울 땔감의 비용을 지불하겠습니다.

이 말에는 겸손함과 함께 부드러운 꾸짖음도 다소 섞여 있습니다. 저가 그런 상황에 처했다면 저도 땔감의 비용을 지불할 수 있을지는 솔직히 잘 모르겠습니다. 하지만 진리를 대적하는 원수들이 저를 비판하도록 하기 위한 연료를 앞으로 더 많이 제공해야겠다는 도전을 받았습니다. 저는 그들이 저를 더욱 싫어하고 욕하도록 할 것입니다. 저는 그리스도를 위해 논란을 피하지 않으며 그들의 분노를 가라앉히려고 타협하지 않을 것입니다.

여러분이 만일 진리를 저버린 자들과 관계를 유지하기 위해 작은 것에 타협하면 반드시 문제가 생길 것입니다. 이 악한 세대에서 그리스도와 그분의 말씀을 부끄러워하는 자는 그리스도께서도 심판 날에 그를 부끄러워할 것입니다.

진리이신 성령님
이 주제에 관해서는 짧게 언급만 하겠습니다. 성령님은 결코 거짓을 용인하지 않으십니다. 여러분의 설교가 진리에 어긋나면, 하나님은 그것을 받으시지 않을 것입니다. 이 점을 명심하십시오.

또한, 성령님은 결코 백지 문서에 서명하지 않으십니다. 인간도 그런 일은 하지 않는데 하물며 거룩한 주님께서 그렇게 어리석은 일을 하시겠습니까? 우리가 확실한 교리를 분명하게 선포하지 않으면 성령님도 우리의 백지 문서 같은 설교에 절대로 서명하지 않으실 것입니다. 그리스도에 관해, 또 그분의 죽음과 부활에 관해 명확하게 전하지 않으면 우리의 설교는 결코 열매를 맺지 못할 것입니다.

다음으로, 성령님은 결코 죄를 용인하거나 자신의 악행을 묵인하는 설교자를 축복하지 않으십니다.

여호와의 그릇을 운반하는 자들아, 자신을 정결하게 하라. (사 52:11)

여러분의 성품이 여러분의 가르침과 일치하게 하십시오. 여러분의 교회에서 노골적으로 드러난 죄악을 제거하십시오. 그렇지 않으면 성령님은 여러분의 가르침을 거부하실 수도 있습니다. 왜냐하면 여러분의 거룩하지 못한 삶이 그 가르침을 불명예스럽게 하기 때문입니다.

성령님은 게으른 자를 싫어하신다는 사실을 다시 한번 명심하십시오. 성령님은 우리가 하나님의 말씀을 연구하는 일에 게을리한 탓에 발행하는 문제를 해결해주지 않으십니다. 여러분이 한 주 동안 아무것도 안 하고 시간만 보낸다면 주일에 강단에 오르기가 힘들 것이며 주님께서 여러분에게 무엇을 말해야 할지 알려주시는 일은 꿈도 꾸지 말아야 합니다. 만일 그런 부류의 사람을 성령님께서 도와주신다면, 게으른 사람일수록 오히려 설교를 더 잘하게 되는 상황이 벌어질 것입니다. 만일 성령님께서 아무런 준비 없이 즉흥적인 설교만 하는 사람을 도와주신다면, 우리가 성경을 적게 묵상할수록 설교를 더 잘하게 되는 상황이 벌어질 것입니다.

그리고 설교할 때 다른 책에서 인용하는 일이 잘못되었다면, 바울이 디모데에게 〈너는 읽는 일에 전념하라〉(딤전 4:13)라는 명령을 하지도 않았을 것입니다. 그렇게 생각하는 것 자체가 터무니없는 일이며, 여러분 중에는 그런 착각에 빠지는 사람이 없기를 바랍니다. 우리는 많은 시간을 묵상하는 일에 할애해야 하며, 말씀과 기도에 우리의 모든 것을 쏟아야 합니다. 그리고 이 모든 일을 행할 때 성령님의 인도하심을 구해야 합니다. 설교를 준비할 때는 마치 모든 것이 우리에게 달린 것처럼 해야 하지만, 준비를 마친 다음에는 성령님을 신뢰하며 모든 것이 그분께 달려 있다는 사실을 인정해야 합니다. 성령님은 건초더미에서 잠만 자라고 우리를 수확지로 보내신 것이 아니라 뙤약볕을 견디며 열심히 일하라고 보내신 것입니다. 우리는 하나님께 포도원에 〈일꾼〉을 더 많이 보내 달라고 기도해야 합니다. 성령님은 열심히 일하는 일꾼과는 함께하지만 어슬렁거리며 시간만 보내는 사람과는 함께하지 않으십니다.

겸손하라

성령님은 우리의 자존심을 유지하게 하려고 축복을 주시지 않는다는 사실을 명심하십시오. 다른 사람이 우리를 위대하게 생각하게 하려고 하나님께 축복을 구하는 것이 가능하겠습니까? 오히려 그것이 우리의 성공을 방해할 것입니다. 사냥꾼이 사용하는 활의 줄이 틀어져 있으면 화살은 엉뚱한 방향으로 날아갈 것입니다. 교만한 사람을 하나님이 무슨 일에 쓰시겠습니까? 하나님께서 교만한 사람을 높여주실까요? 절대 그렇지 않습니다.

헤롯은 유창한 연설을 했고 태양 빛이 반짝거리는 휘황찬란한 은빛 망토를 걸쳤으며, 사람들은 그의 매력적인 목소리를 듣고 〈이것은 인간이 아니라 신의 목소리다!〉라고 감탄했습니다.

하지만 주님은 그를 쳐서 벌레에게 먹히도록 하셨습니다. (행 12:23) 우리도 힘 있고 위대해졌을 때 교만한 육신을 먹어 치우는 벌레의 먹잇감이 되지 않도록 주의해야 합니다.

> 교만은 파멸에 이르게 하며, 거만한 마음은 몰락에 이르게 한다. (잠 16:18)

성령님께서 함께하시길 원한다면 항상 겸손하십시오. 성령님은 교만으로 부풀어오른 설교를 기뻐하지 않으십니다. 어떻게 그것을 기뻐하시겠습니까? 공허한 말을 내뱉으면서 성령님께서 도우시길 기대합니까? 설교자여! 자신을 겸손히 낮추며 하나님과 동행하십시오. (미 6:8) 오직 겸손 이외에 하나님과 동행할 수 있는 방법은 없습니다. 그리고 하나님과 동행하지 않으면, 여러분의 발걸음은 그저 무의미할 뿐입니다.

평화롭게 지내기

성령님은 또한 분쟁이 있는 곳에는 함께 거하시지 않습니다.

가능한 모든 사람과 평화롭게 지내며, 특별히 교회 안에서 평화를 유지하려 노력하십시오. 자신은 잘못한 것이 없는데 평화롭게 지내지 못하는 분들도 있을 것입니다. 이전 세대에 시작된 싸움이 끝나지 않고 계속되는 경우도 있을 것입니다. 작은 단체는 대부분 구성원이 서로 친인척 관계이기도 합니다. 사촌끼리 서로 속이면 그들 사이에 악의의 씨앗이 뿌리내려 그 독초가 교회 생활까지 침투합니다. 여러분의 선조가 과거에 저지른 일이 수십 년간 지속되는 싸움의 빌미가 되기도 합니다. 그런 사람은 어린 시절부터 전쟁을 즐기며 죽고 나서도 그가 불러들인 다툼의 영이 그곳에 계속 남아 있습니다.

그런 곳에서는 큰 축복을 기대하기 어렵습니다. 성령님은 요동하는 물 위에 거하시지 않고 형제의 사랑이 넘치는 곳에 머무르시기 때문입니다. 때로는 중요한 교리를 지키고 거룩한 훈육을 하기 위해 어쩔 수 없이 평화를 희생해야 하는 경우도 있습니다. 하지만 우리 자신이나 동료를 위해서는 평화를 해치는 일이 되도록 없기를 바랍니다.

분명한 목적
마지막으로 성령님은 오직 그분의 목적과 일치하는 경우에만 축복을 주신다는 사실을 잊지 마십시오. 우리 주님께서 〈그가 나를 영화롭게 하실 것이다〉(요 16:14)라는 말씀으로 성령님의 목적을 설명해 주셨습니다. 성령님은 이 위대한 목적을 위해 오셨으며, 이 목적에 부합하지 않는 것은 용인하시지 않을 것입니다. 그러니 우리가 그리스도를 전하지 않는다면, 성령님께서 우리의 설교에 무슨 관여를 하시겠습니까?

만일 우리가 주 예수님을 영화롭게 하지 않는다면, 사람들 가운데서 높이지 않는다면, 왕 중의 왕이며 주 중의 주가 되도록 노력하지 않는다면, 성령님은 우리와 함께하시지 않을 것입니다. 우리의 목적이 주 예수님을 높이는 것이 아니라면 수사, 음악, 건축, 열정, 사회적 지휘가 모두 무의미하며 우리의 수고는 헛될 것입니다.

맺는말

이번에 제가 여러분에게 해드릴 말은 이것이 전부입니다. 제가 오늘 말씀드린 것을 깊이 묵상하고 수행한다면 분명 여러분에게 매우 큰 유익이 될 것입니다. 오늘 나눈 내용이 여러분에게 실질적인 효력이 있기를 기도합니다! 성령님께서 사용하신다면 분명 그렇게 될 것이고, 반대로 사용하시지 않으면 아무런 효력도 없을 것입니다.

예수 그리스도의 군사여, 성령의 검인 하나님의 말씀을 들고 전진하십시오. (엡 6:17) 여러분이 이끄는 경건한 군대와 함께 전진하며, 모든 성도를 주님 안에서 그분의 능력으로 강건하게 하십시오. 사람들이 죽음에서 생명으로 돌아오도록 성령님의 소생시키는 능력을 의지해 전진하십시오. 우리가 의지할 다른 힘은 없습니다.

여기 모인 모든 사람의 머리 위에 삼위 하나님의 축복이 함께 하기를 주 예수 그리스도의 이름으로 기도합니다. 아멘!

출판사 소개

프리스브러리는 Pristine(오염되지 않은)과 Library(도서관)의 합성어로 종교개혁가와 청교도 같은 신앙 선배들이 남긴 믿음의 유산을 보존하고 널리 알리기 위해 설립되었습니다.

한국은 미국 다음으로 많은 신앙 도서가 출간되는 기독교 강국이지만 아직 국내에 소개되지 않은 주옥같은 책이 너무도 많습니다. 또한, 이미 출판되었다고 해도 번역이 난해해서 읽기 어렵거나 판매량이 저조해 절판된 책도 적지 않습니다.

프리스브러리는 엄선된 기독교 고전 작가의 저서 중에서 한 번도 국내에 출판되지 않았거나 절판되어 구하기 힘든 책을 재번역해 〈디지털 소량 출판〉과 〈전자책〉을 통해 비록 판매량이 적더라도 절판되지 않고 언제든 쉽게 찾아볼 수 있게 하고 있습니다.

아울러 장래에는 국내 뿐 아니라 일본, 중국, 동남아 등 다양한 언어로 번역해 전자책으로 만들어 무료로 배포할 계획을 세우고 있으며, 이를 통해 〈선교 한류〉의 붐이 일어나기를 꿈꾸고 있습니다.

이런 프리스브러리의 비전을 함께 이루고 싶으신 분은 새로운 책이 한 권 나올 때마다 격려하는 차원에서 아래 계좌로 1만원씩 후원해주세요. 후원금은 모두 다음 신간의 번역과 출판 비용으로 사용됩니다.

후원 계좌: 씨티은행 533-50447-264-01 (정시용)